Wiedervereinigung und Sanitätsdienst –
Betrachtungen zu Kontinuität und Wandel

D1618268

Referatebände der Gesellschaft für Geschichte der Wehrmedizin (GGWM)

Im Auftrag der Gesellschaft für Geschichte der Wehrmedizin e.V.
herausgegeben von
Ralf Vollmuth, Erhard Grunwald und
André Müllerschön

Band 2

Wiedervereinigung und Sanitätsdienst
Betrachtungen zu Kontinuität und Wandel

Vorträge des 2. Wehrmedizinhistorischen Symposiums
vom 10. November 2010

Im Auftrag der Gesellschaft für Geschichte der Wehrmedizin e.V.
herausgegeben von
Ralf Vollmuth, Erhard Grunwald und
André Müllerschön

Schriftleitung: André Müllerschön

Bonn, Beta-Verlag 2015

Herausgeber:
Gesellschaft für Geschichte der Wehrmedizin e. V.
c/o Neuherbergstr. 11
80937 München
E-Mail: publikationen@ggwm.de
Internet: www.ggwm.de

Verlag:
BETA Verlag & Marketinggesellschaft mbH
Celsiusstraße 43
D-53125 Bonn
Telefon: 0228 91937-10
Telefax: 0228 91937-23
E-Mail: info@beta-publishing.com
Internet: beta-publishing.com

Druck:
Rautenberg Media & Print Verlag GmbH
D-53840 Troisdorf

ISBN 978-3-927603-78-3

Inhalt

Vorwort der Herausgeber

Nachdem wir Ende Dezember 2014 im Auftrag der „Gesellschaft für Geschichte der Wehrmedizin e.V." (GGWM) einen ersten Referateband mit allen Vorträgen des 1. Wehrmedizinhistorischen Symposiums sowie einigen ergänzenden Beiträgen vorlegen konnten, freuen wir uns, nunmehr auch die Referate des 2. Wehrmedizinhistorischen Symposiums veröffentlichen zu können, das am 10. November 2010 – erneut in Kooperation mit der Sanitätsakademie der Bundeswehr – unter dem Titel „Wiedervereinigung und Sanitätsdienst – Betrachtungen zu Kontinuität und Wandel" durchgeführt wurde.

Ziel des Symposiums war es, 20 Jahre nach der Wiedervereinigung und fast auf den Tag genau 21 Jahre nach dem Fall der Berliner Mauer, nicht nur einen Blick auf den Sanitätsdienst der Bundeswehr zu werfen, sondern auch den medizinischen Dienst der Nationalen Volksarmee zu betrachten, um Gemeinsamkeiten und Unterschiede aufzuzeigen.

Oberfeldarzt Prof. Dr. Ralf Vollmuth, Medizinhistoriker am Zentrum für Militärgeschichte und Sozialwissenschaften der Bundeswehr, gibt in seinem gemeinsam mit Generalarzt a.D. Prof. Dr. Dr. Erhard Grunwald verfassten Beitrag „Der Sanitätsdienst der Bundeswehr – Entstehung und Entwicklungen" einen Einblick in verschiedene Aspekte von der Gründung der Bundeswehr bis in die Gegenwart. Akzentuiert und in den historischen Kontext eingebunden werden unterschiedliche Themenfelder, angefangen von der Gründungsgeschichte des Sanitätsdienstes und der Statusfrage, über Probleme der Nachwuchs- und Personalgewinnung, bis hin zur Skizzierung der organisations- und strukturgeschichtlichen Entwicklungen.

Oberstarzt a.D. Dr. Gerd Dietzel, der im Laufe seines Berufslebens umfassende Erfahrungen in verschiedenen Verwendungen sowohl im medizinischen Dienst der Nationalen Volksarmee als auch im Sanitätsdienst der Bundeswehr sowie als Teilnehmer an mehreren Auslandseinsätzen sammeln konnte, stellt in seiner Abhandlung „Der medizinische Dienst der NVA – Ein Rückblick" sehr persönlich mannigfaltige Aspekte des medizinischen Dienstes der Nationalen Volksarmee dar. Er geht auf die Entstehungs- und Strukturgeschichte der NVA ebenso ein, wie er die problematische Einflussnahme der SED erläutert und sich detailliert mit der Ausbildung des akademischen Personals des medizinischen Dienstes sowie dessen Gliederung und Auftrag im Frieden, aber auch in möglichen Kriegsszenarien auseinandersetzt.

Der seinerzeitige Leiter der Wehrgeschichtlichen Lehrsammlung des Sanitätsdienstes der Bundeswehr Oberstleutnant Dipl.-Kfm. Rufin Mellentin legt lebendig und anschaulich die „Sicherheitspolitischen Aspekte der Bundesrepublik Deutschland im Zeichen der Wiedervereinigung" dar. Er beleuchtet die NATO-Doktrinen der 1950er und 1960er Jahre, deren Auswirkungen auf die Wiederbewaffnung Deutschlands und den Kalten Krieg zwischen den Supermächten sowie die Einbettung und Verwirklichung der sicherheitspolitischen Interessen der Bundesrepublik Deutschland im System der NATO bis hin zu den ersten „out of area"-Einsätzen der Bundeswehr und den gemeinsamen NATO-Operationen in Afghanistan.

Generalstabsarzt a.D. Dr. Peter Fraps, damaliger Vorsitzender und nunmehr Ehrenvorsitzender der GGWM, geht in seinem Artikel „Die Einsatzbedingungen des Sanitätsdienstes der Bundeswehr in der Epoche des Ost-West-Konflikts bis zum Beginn der 1990er Jahre" vor dem Hintergrund seiner eigenen Erlebens und seiner reichhaltigen Erfahrungen auf Entwicklungen und Veränderungen im Rahmen sanitätsdienstlicher Hilfs- und Unterstützungsoperationen von der Erdbebenhilfe in Agadir/Marokko im Jahre 1960 bis hin zu den ersten Einsätzen nach der Wiedervereinigung in Somalia und Kambodscha ein. Besonderer Quellenwert kommt dabei seinen persönlichen Erfahrungen als Chief Medical Officer der Vereinten Nationen und gleichzeitiger Leiter des deutschen Sanitätskontingentes im Rahmen der Friedensmission UNTAC in Kambodscha zu.

Im letzten Beitrag „Von der Bipolarität zur weltweiten Reaktionsfähigkeit. Der Sanitätsdienst auf dem Weg zur neuen Einsatzrealität" stellt Flottenarzt Dr. Volker Hartmann kenntnisreich die nach der Wende veränderten Herausforderungen und Anforderungen an den Sanitätsdienst der Bundeswehr dar und zeigt, wie durch Neuregelungen im Bereich der Ausbildung, Entwicklungen neuer Leitlinien und der Etablierung der sogenannten „Einsatzmedizin" die Grundlagen der sanitätsdienstlichen Versorgung für eine moderne Einsatzarmee geschaffen wurden.

Wie bereits im ersten Band wurde zur Unterstreichung des Charakters eines Referatebandes die formale Einrichtung der Beiträge durch die Autoren nicht zu stark reglementiert und die Individualität der Vortragsfassungen beibehalten.

Für die Herausgeber
André Müllerschön und Ralf Vollmuth

Der Sanitätsdienst der Bundeswehr – Entstehung und Entwicklungen

THE BUNDESWEHR MEDICAL SERVICE – ORIGIN AND DEVELOPMENTS

von Ralf Vollmuth und Erhard Grunwald[1]

Zusammenfassung:

Der Sanitätsdienst der Bundeswehr als ein wesentlicher und unverzichtbarer Bestandteil der bundesdeutschen Streitkräfte vollzog seit seiner Gründung bis heute eine Entwicklung, die in der deutschen Militär- und Wehrmedizingeschichte einzigartige Neuerungen mit sich brachte und schließlich in einen eigenständigen Organisationsbereich mündete. Im Beitrag werden ausgewählte Aspekte wie die Anfänge des Sanitätsdienstes und die Statusfrage, der Themenkreis der Nachwuchsgewinnung sowie die Grundzüge der Organisations- und Strukturgeschichte des Sanitätsdienstes beleuchtet und der Sanitätsdienst der Bundeswehr in seinem militärisch-historischen Umfeld kontextualisiert.

Schlüsselwörter:
Sanitätsdienst der Bundeswehr, Inspektion des Sanitäts- und Gesundheitswesens, Statusfrage, Nachwuchsgewinnung, Organisations- und Strukturgeschichte

Summary:
The Bundeswehr Medical Service is an essential and indispensable part of the German Federal Armed Forces that, since its inception, has undergone a development which resulted in innovations unparalleled in the history of German military and military medicine and which finally led to its establishment as an independent major organisational element. The article examines selected aspects of the Medical Service such as its beginnings and status, the issue of recruitment, the outlines of its organisational and structural history, and its place in the context of military history.

Keywords:
Bundeswehr Medical Service, Office of the Surgeon General, Bundeswehr, status issue, recruitment, organisational and structural history

Anlässlich des 20. Jahrestages der deutschen Wiedervereinigung im Herbst 2010 wurde die Geschichte der Sanitätsdienste in Deutschland nach dem Zweiten Weltkrieg in den Fokus des 2. Wehrmedizinhistorischen Symposiums der Gesellschaft für Geschichte der Wehrmedizin (GGWM) gestellt. Der vorliegende Beitrag soll einen Überblick über Kontinuität und Wandel im Sanitätsdienst der Bundeswehr bieten und vor Augen führen, dass der Sanitätsdienst gleichermaßen in Wechselwirkung mit seinem militärischen und gesellschaftlichen Umfeld steht wie er in einen historischen Kontext eingebunden ist, der teilweise sehr weit zurückreicht. Im Folgenden werden bedeutende Schlaglichter dieser Geschichte herausgegriffen und einzelne Entwicklungslinien aufgezeigt, wozu vorauszuschicken ist, dass eine solche Betrachtung nicht einmal annähernd erschöpfend sein kann und eine – immer auch subjektive – Auswahl dieser Schwerpunkte von vornherein vorzunehmen war.

Die Anfänge und die Statusfrage

Auch wenn als „Geburtsstunde" des Sanitätsdienstes der 11. April 1956 gilt, wurden bereits in den Jahren zuvor richtungsweisende Grundlagen erarbeitet und Entscheidungen für den weiteren Fortgang getroffen.

Im „Amt Blank" wurden von Anbeginn an auch Fragen hinsichtlich der sanitätsdienstlichen und medizinischen Versorgung und deren Ausgestaltung reflektiert, jedoch bleibt festzustellen, dass ein Sanitätsdienst sowohl im planerischen Bewusstsein als auch in personeller Hinsicht zunächst unterrepräsentiert gewesen ist. Nachdem erste greifbare Strukturen zunächst dem Bereich G 4, also der Logistik, zugeordnet waren, wurde 1954 in der Planungsabteilung des Amtes Blank ein eigenes Referat „Sanitätswesen Gesamtstreitkräfte" eingerichtet. Nach der Umgliederung des Amtes in das neue Bundesministerium für Verteidigung wurde schließlich im November 1955 in der Abteilung „Streitkräfte" die Unterabteilung „Gesundheitswesen" geschaffen.

Hier wurden unter anderem Organisationsform und Gliederung des neuen Sanitätsdienstes erarbeitet, der schließlich durch die Zustimmung des Verteidigungsausschusses in einer Sitzung vom 11. April 1956 de facto begründet wurde. – Dieser Prozess wurde übrigens durch die zivile Ärzteschaft und ihre Organe, das heißt den „Deutschen Ärztetag" und die „Arbeitsgemeinschaft der westdeutschen Ärztekammern", nicht nur aufmerksam verfolgt, sondern aktiv begleitet. Besonders in den entscheidenden Jahren 1955-57 wurde wiederholt ein suffizientes Sanitätswesen mit einer selbständigen Abteilung im Verteidigungsministerium und einem eigenen Sanitätschef eingefordert.

Erst zum 1. Juni 1957 wurden die militärischen Abteilungen sowie die Unterabteilung „Gesundheitswesen" in die Führungsstäbe und die „Inspektion des Sanitäts- und Gesundheitswesens" im Bundesministerium der Verteidigung umgegliedert; erster Inspekteur wurde am 1. September des gleichen Jahres Generalarzt Dr. Theodor Joedicke, so dass der Sanitätsdienst nun seiner Bedeutung entsprechend in der militärischen Hierarchie vertreten war.

Während dieser Gründungsphase des Sanitätsdienstes der Bundeswehr stellte sich auch die Frage nach der Stellung und dem Status sowohl der Militärärzte wie auch der Zahnärzte, Apotheker und Veterinäre. Dieses Thema greift weit zurück und zeigt sehr deutlich die Einbindung in eine historische Entwicklung: Nachdem die sanitätsdienstliche Versorgung in den Heeren über lange Zeit vor allem handwerklich ausgebildeten Feldscheren und Wundärzten oblag, rückte seit dem ausgehenden 18. Jahrhundert die Qualifikation der Militärärzte in den deutschen Staaten zunehmend ins Blickfeld. Mit dem „Josephinum" in Wien (1785) und der „Pépinière" in Berlin (1795) wurden militärärztliche Bildungsanstalten gegründet; einher ging auch eine sukzessive Verbesserung der Stellung des Sanitätspersonals und vor allem der Militärärzte. Die Regelungen in den verschiedenen Staaten waren nicht ganz einheitlich und durchliefen mehrere Entwicklungsstufen. Sie reichen von der Anerkennung als Militärbeamte im Offiziersrang (die beispielsweise in Preußen 1808 erfolgte), über die Bildung eines Sanitätskorps in der preußischen Armee (1868), bis hin zur Schaffung eines Sanitätskorps und Sanitäts*offizier*korps im Deutschen Reich im Jahre 1873. Dies verhalf den Militärärzten zur Anerkennung als Sanitätsoffiziere und dem Sanitätswesen zu mehr Selbständigkeit und einer deutlichen Aufwertung innerhalb der Streitkräfte.

Während die Militärärzte auch im Ersten und Zweiten Weltkrieg den Status von Sanitätsoffizieren innehatten, verlief die Entwicklung bei den anderen Approbationen uneinheitlicher: Gehörten die Veterinäre einem eigenen Veterinärkorps an, so blieben die Apotheker Militärbeamte, und auch den Zahnärzten war eine Anerkennung als Sanitätsoffizier weitgehend versagt.

Nun, in den Konzeptionen und beim Aufbau der neuen bundesdeutschen Streitkräfte, kam es sowohl innerhalb der zuständigen Dienststellen (wie dem Amt Blank) und politischen Gremien als auch in der Öffentlichkeit und den einschlägigen Standesorganisationen abermals zu kontroversen Diskussionen im Hinblick auf die Sta-tusfrage, das heißt, die Entscheidung, ob der Arzt in den Streitkräften seine Tätig-keit als Sanitätsoffizier, Beamter, Angestellter oder Vertragsarzt versehen sollte. Zugunsten eines zivilen Status wurde etwa argumentiert, der Arzt habe sich primär auf seine ärztliche Tätigkeit zu konzentrieren und könne dies im Sinne des Arzt-Patienten-Verhältnisses besser und unabhängiger, wenn er außerhalb der militäri-schen Hierarchie stehe. Andere präferierten grundsätzlich die zivile Stellung und sahen die Notwendigkeit des Offizierstatus nur für Ärzte mit militärischer Füh-rungsverantwortung, beispielsweise in der Sanitätstruppe. Eine Gegenposition, die besonders von kriegserfahrenen Ärzten vertreten wurde, bestand darin, dass sich der Status des Sanitätsoffiziers in der Vergangenheit bewährt habe –: Der Arzt im Offizierstatus besitze sowohl bei seinen Untergebenen wie auch in der Truppe und gegenüber dem Offizierkorps mehr Autorität und Anerkennung als ein Beamter, darüber hinaus sei der Arzt auch Vorgesetzter und benötige entsprechende Befug-nisse und Befehlsgewalt innerhalb der militärischen Hierarchie.

Die Ereignisse gipfelten in der bereits erwähnten 89. Sitzung des Verteidigungsaus-schusses am 11. April 1956, in der nach eingehenden Debatten um Für und Wider auch der Status der Militärärzte als „Sanitätsoffiziere" einstimmig beschlossen wurde. Die Entscheidung zugunsten der Zuerkennung des Sanitätsoffizierstatus für *alle* Approbationen, also auch für Zahnärzte, Apotheker und Veterinäre, erfolgte schließlich am 10. Juli 1957, so dass erstmals in der Geschichte ein einheitliches Sanitätsoffizierkorps bestand.

Nachwuchsgewinnung als Problem und Auftrag

Mehr als problematisch gestaltete sich vor allem in den ersten Jahrzehnten die Per-sonalsituation, insbesondere bei den Sanitätsoffizieren. Von der Gründung bis in die 1980er Jahre konnte der Bedarf, besonders an Ärzten und Zahnärzten, bei wei-tem nicht gedeckt werden. Ein zum Teil geradezu dramatisches Fehl von zeitweise weit mehr als 50 % gegenüber dem Planungs-Soll zog sich wie ein roter Faden durch die Geschichte des Sanitätsdienstes. Die Gründe hierfür waren in mangelnder Attraktivität, das heißt in vergleichsweise schlechter Bezahlung, ungenügenden Aufstiegschancen und fachlichen Weiterbildungsmöglichkeiten u.ä., zu sehen.

Ein personeller Ausgleich konnte vielfach und über lange Zeit nur mit viel Mühe geschaffen werden: So erfolgte die truppenärztliche Betreuung sehr oft durch zivile

Vertragsärzte, was jedoch allenfalls eine Notlösung darstellte, weil vor allem bei Manövern, Übungen und dergleichen eine ärztliche Versorgung nicht sichergestellt war. Seit 1964 konnten grundwehrdienstleistende Ärzte, Zahnärzte und Apotheker einberufen werden. Deren Einsatzmöglichkeiten waren aufgrund der fehlenden militärischen Ausbildung und mangelnder Berufserfahrung zwar begrenzt, sie leisteten jedoch wertvolle Arbeit und stellten damit die sanitätsdienstliche Versorgung sicher.

Der Bedarf an *längerdienenden* Sanitätsoffizieren aller Approbationen bestand weiterhin und führte zu unterschiedlichen Maßnahmen, die den Dienst in den Streitkräften für Ärzte, Zahnärzte, Apotheker und Veterinäre attraktiver gestalten sollten. Das Spektrum reicht von der Einführung von Erschwerniszulagen für Berufssanitätsoffiziere bis zur Genehmigung privatärztlicher Nebentätigkeiten außerhalb (1960) und später gegen entsprechendes Entgelt (1968) auch innerhalb der Diensträume. Die 1960 eingeführte Gewährung von Studienbeihilfen für Studierende der einschlägigen Studiengänge bei gleichzeitiger Verpflichtung, nach Abschluss des Studiums acht Jahre zu dienen, zeigte wenig Erfolg, da sich die überwiegende Zahl der Beihilfeempfänger durch Rückzahlung dieser Förderung dem Dienstantritt zu entziehen vermochte. Eine Entspannung und weitgehende Normalisierung der Personalsituation wurde schlussendlich erst erreicht, nachdem im Jahre 1969 die Einführung der Laufbahn der Sanitätsoffizier-Anwärter erfolgt war, die seit dem Wintersemester 1973/74 auch eine Studienplatzzuteilung umfasste.

In diesem Kontext ist eine weitere Maßnahme – die Öffnung des Sanitätsdienstes für Frauen – zu betrachten: Nachdem mit dem „Gesetz zur Änderung des Soldatengesetzes, des Soldatenversorgungsgesetzes und der Wehrdisziplinarordnung" vom 6. August 1975 die rechtlichen Grundlagen geschaffen worden waren, wurden zum 1. Oktober des gleichen Jahres die ersten fünf Frauen als Sanitätsoffiziere in die Bundeswehr eingestellt. – Zweifellos kommt dem Sanitätsdienst damit im Hinblick auf den Dienst von Frauen in den bundesdeutschen Streitkräften eine Vorreiterrolle zu.

Die ersten weiblichen Sanitätsoffizier-Anwärter wurden zum 1. Juni 1989 verpflichtet, und zum 1. Januar 1991 erfolgte schließlich auch die Öffnung der Laufbahngruppen der Mannschaften und Unteroffiziere im Sanitätsdienst und im Militärmusikdienst für Frauen.

Einige Autoren implizieren für den Entschluss, die Laufbahn der Sanitätsoffiziere für Frauen zu öffnen, den personellen Engpass als Hauptmotivation. Dass indes die Aufnahme von Frauen in den Sanitätsdienst zwar als eine Maßnahme von vielen zur Entschärfung der Personalsituation gesehen, jedoch nicht als ausschlaggebende Lösung des Problems erachtet wurde, zeigt eine Äußerung im Bericht einer durch Bundesverteidigungsminister Georg Leber im Juni 1974 berufenen Kommission „Personal-Ergänzung beim Sanitäts- und Gesundheitswesen". Darin wurden nach einer Analyse der Situation insgesamt 74 Empfehlungen ausgesprochen, um „die Attraktivität der Berufe der Sanitätsoffiziere, der Medizinalbeamten oder des medizinischen Assistenzpersonals der Bundeswehr zu erhöhen". Die Kommission nahm die Möglichkeit der Einstellung von Frauen in die Laufbahn der Sanitätsoffiziere zwar als Empfehlung 65 auf, sah hierin „allerdings keinen entscheidenden Weg zur Beseitigung des Mangels an längerdienenden Sanitätsoffizieren", so dass dieser Schritt eher als Folge und Erscheinung eines emanzipatorischen gesellschaftlichen Prozesses, denn als rein personalplanerische Maßnahme zu bewerten ist.

Organisation und Strukturen des Sanitätsdienstes

Die Organisations- und Strukturgeschichte des Sanitätsdienstes der Bundeswehr in all ihren Dimensionen in der gebotenen Kürze zusammenzufassen, kommt der Quadratur des Kreises gleich. Es ist deshalb nur möglich, einige Gesichtspunkte herauszugreifen, Entwicklungen und Wendepunkte holzschnittartig zu skizzieren. Ferner – dies hat die Geschichte des Militärsanitätswesens in den letzten 150 Jahren und darüber hinaus immer wieder gezeigt – stellen die Organisationsformen im Wesentlichen „Variationen über ein Thema" dar. Die zentralen Entscheidungen kreisen ständig um die Frage, wie angesichts gegebener Rahmenbedingungen erkrankte und verwundete Soldaten schnellstmöglich suffizient medizinisch versorgt bzw. einer entsprechenden Versorgungseinrichtung zugeführt werden können. Aufgrund der Erfahrungen des Zweiten Weltkrieges sollte der Sanitätsdienst mit der fachdienstlichen Unterstellung des gesamten Sanitätspersonals unter *einer* Leitung aufgebaut werden. Trotz seiner Integration in die Teilstreitkräfte Heer, Luftwaffe und Marine sowie in der Territorialen Verteidigung mit ihren Besonderheiten und unterschiedlichen Organisationsformen, konnte so eine einheitliche fachliche Führung und Ausbildung sichergestellt werden.

Mit der Gründung des Sanitätsdienstes im April 1956 begann eine *Auf*bauphase, die etwa bis 1962 währte. Sie umfasst unter anderem die Errichtung der Vorläufer der Sanitätsakademie sowie eines Wehrmedizinalamtes, die Aufstellung von Sanitätsbataillonen und die Installation von Wehrbereichsärzten als Leitende Sanitätsoffiziere in den Wehrbereichskommandos. Bereits Ende 1956 verfügte der Sanitätsdienst über 290 Sanitätsoffiziere. 1957 folgten die ersten Lazarette; am 1. September trat der erste Inspekteur in der neu geschaffenen „Inspektion des Sanitäts- und Gesundheitswesens" seinen Dienst an. Sanitätstruppen, weitere Lazarette und Institute wurden aufgestellt, wie auch seit 1959/60 die Reserve-Lazarettorganisation für den Verteidigungsfall Formen annahm.

Bis etwa 1967 wurden diese Strukturen schließlich zunehmend ausgebaut und weiterentwickelt. Im Jahre 1970 wurden das Sanitätsamt und die Akademie des Sanitäts- und Gesundheitswesens der Bundeswehr, die Lazarette sowie Institute und Untersuchungsstellen zum Organisationsbereich „Zentrale Sanitätsdienststellen der Bundeswehr" zusammengefasst.

In den Teilstreitkräften waren die Sanitätsdienste in unterschiedlicher Weise auf die *truppen*sanitätsdienstliche Versorgung im Verteidigungsfall, das heißt die ärztliche Erstbehandlung sowie Operationen leichteren bis mittleren Umfanges, vorbereitet, und in der Tiefe des Territoriums der Bundesrepublik Deutschland wurde die Reserve-Lazarettorganisation als Träger der abschließenden ärztlichen Behandlung vorgehalten.

Im Jahre 1968 wurde die NATO-Doktrin der massiven Vergeltung bei einem Angriff auf das Territorium eines Partners zugunsten der neuen NATO-Doktrin der „Flexible response" aufgegeben. Das damit verbundene Konzept der Vorneverteidigung, also einer grenznahen, zusammenhängenden Verteidigung mit dem Ziel geringstmöglichen Gebietsverlustes, erforderte eine Umstrukturierung vor allem des Heeressanitätsdienstes: Die weitgehende Mobilität wurde zugunsten einer überwiegend ortsfesten Struktur aufgegeben, in deren Mittelpunkt nach Beschlüssen des Jahres 1979 die Aufstellung von Sanitätszentren und Facharztgruppen stand.

Als Friedenseinrichtung sollten die neuen Sanitätszentren, verstärkt durch die Facharztgruppen, den Truppensanitätsdienst – etwa durch das Betreiben zentraler Bettenstationen oder durch die Übernahme aller im Standort übergreifend wahrzunehmenden Aufgaben – entlasten. Für den Verteidigungsfall bildete das Personal der Sanitätszentren den Kader für eine Reservelazarettgruppe oder für jeweils ein Lazarett 200. Die bisherigen zwar mobilen, aber doch sehr schwerfälligen Feldlazarette auf Korpsebene hatten ausgedient.

Die Einnahme der neuen Strukturen, eine Erhöhung des Anteils längerdienender Sanitätsoffiziere auf über 75 %, die Anpassung der zwölf Bundeswehrkrankenhäuser an moderne medizinische Bedürfnisse und Erfahrungen wie auch ihre Einbindung in die Versorgung der Zivilbevölkerung, ferner die damit einhergehenden positiven Auswirkungen auf den Ausbildungsstand des gesamten Sanitätspersonals, führten bis zum Ende der 1980er Jahre zu einem Sanitätsdienst mit einem breiten und qualifizierten Leistungsspektrum.

Mit der Wiedervereinigung 1990 und den sich ändernden weltpolitischen Rahmenbedingungen stand auch die Bundeswehr und mit ihr der Sanitätsdienst vor neuen Herausforderungen und Wandlungen. Die neue Struktur der Bundeswehr musste geeignet und befähigt sein, sowohl im Verteidigungsfall mit weniger Kräften und Mitteln in einem größeren Raum zu operieren als auch bei multinationalen Einsätzen und internationalen militärischen Missionen, etwa im Rahmen der NATO oder der UN, eingesetzt werden zu können – also ein Zuwachs an Aufgaben und Fähigkeiten bei gleichzeitigen Reduzierungen der Personalumfänge und des Verteidigungshaushalts.

Nach einer eingehenden Bedarfsanalyse wurde bei der Neustrukturierung der Bundeswehrkrankenhäuser ein gemischtes System mit den großen Häusern Ulm, Berlin, Hamburg und dem Bundeswehrzentralkrankenhaus Koblenz sowie vier sog. „156-Betten-Standardkrankenhäusern" in Bad Zwischenahn, Hamm, Amberg und Leipzig verfolgt. Die unentgeltliche truppenärztliche Versorgung in den Standorten, die sich am zivilen Standard zu orientieren hatte, wurde durch die Errichtung sog. Standortsanitätszentren sichergestellt, in denen die sanitätsdienstlichen Kräfte und Mittel des Standortes verbandübergreifend zusammengefasst wurden und die unter der Leitung von Fachärzten für Allgemeinmedizin standen. Facharztzentren, in denen mehrere Disziplinen zusammengefasst und die entweder selbständig oder an Standortsanitätszentren angelehnt untergebracht waren, schlossen die Lücke zu den Bundeswehrkrankenhäusern.

Im Rahmen der Landes- und Bündnisverteidigung musste auch künftig ein mobilmachungsabhängiges sanitätsdienstliches Versorgungssystem bestehen. Dabei sollte das sich gegenseitig schwächende Nebeneinander eines militärischen Sanitätsdienstes und eines zivilen Gesundheitswesens durch eine enge zivil-militärische Zusammenarbeit ersetzt werden. Die Angliederung der Reservelazarettgruppen an leistungsfähige zivile Krankenanstalten, in denen Soldaten wie Zivilisten gleichermaßen versorgt werden konnten, sollte die Kräfte und Mittel bündeln. Da trotz der Streitkräftereduzierung von 370.000 auf 340.000 der bisherige Personalumfang unumstritten war und beibehalten werden konnte, war der Sanitätsdienst sowohl strukturell wie auch personell für die Zukunft gut gerüstet.

Ein wichtiger, in der Geschichte des deutschen Militärsanitätswesens einmaliger Schritt sollte an der Wende zum 21. Jahrhundert vollzogen werden. Zwar war mit der Existenz einer „Inspektion des Sanitäts- und Gesundheitswesens" und eines eigenen Inspekteurs die formale Gleichwertigkeit mit den anderen Führungsstäben und deren Inspekteuren gegeben. Doch aufgrund der Zugehörigkeit des Sanitätsdienstes zu den verschiedenen Teilstreitkräften erschwerten unterschiedliche Kompetenzen und divergierende Verantwortlichkeiten die Auftragserfüllung. Deutliche Verbesserungen traten mit dem sogenannten „Blankeneser Erlaß" des Jahres 1970 ein, wodurch dem Inspekteur des Sanitäts- und Gesundheitswesens der neu geschaffene Organisationsbereich „Zentrale Sanitätsdienststellen der Bundeswehr" auch truppendienstlich unterstellt sowie ihm ferner die fachdienstliche Aufsicht über alle Angehörigen des Sanitätsdienstes und die Fachaufsicht über die Sanitätsdienststellen und -einrichtungen und andere Kompetenzen übertragen wurden. Und auch in der Folgezeit wurde die Stellung des Inspekteurs und damit des Sanitätsdienstes weiter gestärkt.

Die grundlegende Änderung gelang aber erst mit der Ministerweisung zur „Neuausrichtung der Bundeswehr" vom 11. Oktober 2000 und der im Februar 2001 folgenden „Ressortentscheidung Stationierung". Bedingt durch die seit dem Ende des „Kalten Krieges" veränderten sicherheitspolitischen Voraussetzungen wurden ein fundamentaler Umbau und eine verstärkte Einsatzorientierung der Bundeswehr eingeleitet. Mit der Zusammenfassung nahezu aller sanitätsdienstlichen Kräfte und Mittel aus sämtlichen Organisationsbereichen der Bundeswehr im Zentralen Sanitätsdienst unter einer einheitlichen truppen- und fachdienstlichen Führung und nicht zuletzt in Analogie zu den anderen Teilstreitkräften der Umgliederung der Inspektion des Sanitätsdienstes zum Führungsstab des Sanitätsdienstes im Jahre 2002 war ein langersehntes Ziel erreicht –: die Führung des Sanitätsdienstes aus einer Hand und die Bildung eines eigenen Organisationsbereiches, dessen seinerzeitige Strukturen mit dem Sanitätsamt einerseits und dem Sanitätsführungskommando und dessen nachgeordnetem Bereich andererseits als tragende Säulen des Sanitätsdienstes weithin als bekannt vorausgesetzt werden können.

Während des Ost-West-Gegensatzes musste für den Verteidigungsfall vor allem von einem Konflikt auf deutschem Boden ausgegangen werden: Der Sanitätsdienst stand damals vor der – aus historischer Bewertung bei allen Bemühungen zweifellos unlösbaren – Aufgabe, die medizinische Versorgung von bis zu 1,34 Millionen Soldaten zu organisieren und sicherzustellen. Der Auftrag der VRV-nahen Sanitätseinrichtungen umfasste daher primär die erste medizinische und chirurgische Versorgung mit dem Ziel der Lebenserhaltung bzw. Herstellung der Transportfähigkeit der Verwundeten. Für die weiterführende Behandlung standen nur die begrenzten Kapazitäten der Bundeswehrkrankenhäuser und die erst nach umfangreichen Mobilmachungsmaßnahmen ausreichend leistungsfähigen Einrichtungen der Reservelazarettorganisation zur Verfügung – ein offensichtliches Missverhältnis an zu erwartendem Bedarf und verfügbaren Kapazitäten, das nur angesichts des Übermaßes der Bedrohung hinnehmbar, aber nicht aufzulösen war.

Im Gegensatz dazu erforderte die weltweite sanitätsdienstliche Versorgung hochmobiler Einsatzverbände einen vollständig neuen Ansatz bei der medizinischen Betreuung der Soldaten, der 1995 zu der Maxime führte, dass der Sanitätsdienst auch den im Einsatz befindlichen Soldaten eine medizinische Versorgung zu garantieren habe, die grundsätzlich im *Ergebnis* dem fachlichen Standard in Deutschland entspricht (vgl. hierzu auch in diesem Band die Beiträge von Peter Fraps und Volker Hartmann).

Mit Einnahme seiner neuen Struktur als selbständiger Organisationsbereich ist auch für den Sanitätsdienst nicht der Abschluss der Umstrukturierungen gekommen, sondern dieser befindet sich – wie die gesamte Bundeswehr – inmitten eines dynamischen Weiterentwicklungsprozesses, in dem nicht nur militärische Aspekte Berücksichtigung zu finden haben, sondern auch die Entwicklungen in der Medizin und im zivilen Gesundheitswesen direkt oder indirekt eine beeinflussende Größe darstellen werden.

Literaturauswahl

30 JAHRE BUNDESWEHR (1985): 30 Jahre Bundeswehr. Friedenssicherung im Bündnis 1955-1985. Katalog zur Wanderausstellung des Militärgeschichtlichen Forschungsamtes, hrsg. vom Militärgeschichtlichen Forschungsamt, 2., durchges. Aufl., Mainz 1985

GRUNWALD/VOLLMUTH (2005): Erhard Grunwald und Ralf Vollmuth, Der Sanitätsdienst – Entstehung und Entwicklungen, in: Entschieden für Frieden. 50 Jahre Bundeswehr. 1955 bis 2005, im Auftrag des Militärgeschichtlichen Forschungsamtes hrsg. von Klaus-Jürgen Bremm, Hans-Hubertus Mack und Martin Rink, Freiburg/Br. und Berlin 2005, S. 183-198

PERSONALSITUATION (1975): Die Personalsituation im Sanitäts- und Gesundheitswesen der Bundeswehr. Analyse und Empfehlungen. Bericht der Kommission des Bundesministers der Verteidigung „Personal-Ergänzung beim Sanitäts- und Gesundheitswesen", Bonn 1975

REBENTISCH (1995): Ernst Rebentisch, Die Gesundheit der Soldaten. Dokumente zum Sanitäts- und Gesundheitswesen der Bundeswehr, Gräfelfing 1995

SANITÄTSDIENST (2004): Der Sanitätsdienst. Gesundheit bewahren – Leben erhalten, hrsg. vom Streitkräfteamt/Abteilung III Fachinformationszentrum der Bundeswehr, Bonn 2004 (= BW-Fachinformation. Sonderheftreihe „50 Jahre Bundeswehr", 4)

VERTEIDIGUNG IM BÜNDNIS (1975): Verteidigung im Bündnis. Planung, Aufbau und Bewährung der Bundeswehr 1950-1972, hrsg. vom Militärgeschichtlichen Forschungsamt, München 1975

VOLLMUTH/GRUNWALD (2006): Ralf Vollmuth unter Mitwirkung von Erhard Grunwald, Fünfzig Jahre Sanitätsdienst der Bundeswehr. Kontinuität und Wandel, in: Beiträge zur Geschichte des Sanitätsdienstes. Festschrift für Hartmut Nöldeke. Vorträge der 3. HistoMed-Tagung zur Geschichte der Schifffahrts- und Marinemedizin in Wilhelmshaven vom 13. – 14. Januar 2006, hrsg. von Hartmut Klüver und Hans Schadewaldt, Düsseldorf 2006 (= Beiträge zur Schiffahrtsgeschichte, 12), S. 11-21 [für den seinerzeitigen Vortrag gekürzte und überarbeitete Fassung des Beitrags GRUNWALD/VOLLMUTH (2005)]

WEHRMEDIZIN UND WEHRPHARMAZIE: Wehrmedizin und Wehrpharmazie
1 (1963) – 10 (1972), 1976, N. F. 1 (1977) – 34 (2010) [bis 1968 unter dem Titel: Wehrmedizin]

WEHRMEDIZINISCHE MONATSSCHRIFT: Wehrmedizinische Monatsschrift 1
(1957) – 54 (2010) [bis 1964 unter dem Titel: Wehrmedizinische Mitteilungen.
Sonderbeilage zur Zeitschrift Truppenpraxis]

Weitere Literatur bei den Verfassern

Adresse für die Verfasser

Oberfeldarzt Prof. Dr. Ralf Vollmuth
Zentrum für Militärgeschichte und Sozialwissenschaften der Bundeswehr
Zeppelinstraße 127/128
14471 Potsdam
ralf1vollmuth@bundeswehr.org

Anmerkungen

[1] Vortrag, gehalten von Ralf Vollmuth im Rahmen des 2. Wehrmedizinhistorischen Symposiums,
veranstaltet von der Gesellschaft für Geschichte der Wehrmedizin e.V. in Verbindung mit
der Sanitätsakademie der Bundeswehr am 10.11.2010 in München. – Der Vortragstext wurde
im Wesentlichen beibehalten und stellt eine überarbeitete Version der Artikel GRUN-
WALD/VOLLMUTH (2005) und VOLLMUTH/GRUNWALD (2006) dar. Unser Dank gilt
den Herausgebern und den Verlagen dieser beiden Artikel für die Einräumung der Nach-
druckrechte.

Der medizinische Dienst der Nationalen Volksarmee (NVA) – ein Rückblick

THE MEDICAL SERVICE OF THE NATIONAL PEOPLE'S ARMY (NPA) – A LOOK BACK

von Gerd Dietzel[1]

Zusammenfassung:

Dem Vortrag liegen die fast 28-jährigen Erfahrungen des Autors im medizinischen Dienst der NVA (Nationale Volksarmee) zugrunde. Kursorisch wird die Aufrüstung in der SBZ (Sowjetischen Besatzungszone) und DDR (Deutsche Demokratische Republik) seit Ende des Zweiten Weltkrieges angerissen. Die konsequente Einflussnahme der Sowjetunion auf die Militärpolitik der DDR und die rigide Führung der NVA durch die SED (Sozialistische Einheitspartei Deutschlands) werden verdeutlicht. Ausgehend von den Strukturen der NVA werden die Ausbildung des medizinischen Hochschulpersonals, die Führung, der Auftrag, die Organisation und Durchführung des medizinischen Dienstes im Frieden betrachtet. Vor dem Hintergrund der damals gültigen sowjetischen Militärdoktrin für den Kriegsfall werden die Planungen, Strukturen und Übungsszenarien erläutert. Eine abstrahierende persönliche Wertung der Leistung des medizinischen Dienstes beschließt den Vortrag.

Schlüsselwörter:

Medizinischer Dienst der Nationalen Volksarmee, Sozialistische Einheitspartei Deutschlands, Nationaler Verteidigungsrat, Militärmedizinische Sektion, Militärärzte, medizinische Sicherstellung, Etappenbehandlung, Militärmedizin

Summary:

The presentation is based on the author's almost 28 years of experience in the Medical Service of the NPA.

The process of rearmament in the SOZ (Soviet Occupation Zone) and GDR (German Democratic Republic) after World War II is fleetingly touched upon. The influence on the military policy of the GDR consistently exerted by the Soviet Union and the rigid control over the NPA exercised by the SED (Socialist Unity Party of Germany) are highlighted. Proceeding from the NPA's structures, the training of the medical university staff, the leadership, the mission, the organisation and management of the Medical Service in peacetime are looked at. The plans, structures and exercise scenarios are explained by using the Soviet military doctrine for war in force at the time as a backdrop. The presentation concludes with an abstract personal evaluation of the achievements of the Medical Service.

Keywords:
Medical Service of the National People's Army, Socialist Unity Party of Germany, National Defence Council, military medical section, military physicians, provision of medical care, treatment in stages, military medicine

Der Vortrag ist der Versuch des Autors, in einem Parforceritt, ohne Zorn und Eifer, den medizinischen Dienst zu skizzieren und dabei kurze Bemerkungen zur Geschichte der NVA und ihrer militärischen Vorläuferorganisationen voranzustellen. Als Zeitzeuge betrug meine Dienstzeit in der NVA rund 28 Jahre ihrer 34½ jährigen Existenz.

Nach 10½ Monaten Grundwehrdienst studierte ich sechs Jahre als Offiziersschüler Humanmedizin und leistete über 21 Jahre Dienst als Militärarzt in sieben Verwendungen vom Truppenarzt bis zum Chef Medizinischer Dienst eines Militärbezirkes. Nach Herstellung der Deutschen Einheit war ich bis 2005 in sieben Verwendungen des Sanitätsdienstes der Bundeswehr eingesetzt und hatte zwei Auslandseinsätze – SFOR (Stabilization Force = NATO [North Atlantik Treaty Organization = Organisation des Nordatlantikvertrags] Schutztruppe für Bosnien und Herzegowina) und KFOR (Kosovo Force = multinationale Schutztruppe für Kosovo unter NATO Führung). Bis 2009 war ich in einer Verwendung im Rahmen der Zivil-militärischen Zusammenarbeit (ZMZ) tätig und absolvierte zahlreiche Wehrübungen.

Der Vortrag ist wie folgt gegliedert:

1. NVA und SED,
2. NVA – eine kurze Darstellung ihrer Entstehung,
3. NVA – Strukturen,
4. Akademische Ausbildung des medizinischen Personals
5. Medizinischer Dienst im Frieden – Auftrag, Organisation, Durchführung,
6. Medizinischer Dienst im Krieg – Planungen, Strukturen, Übungsszenarien,
7. Medizinischer Dienst der NVA – Anspruch, Legende, Wirklichkeit.

Die Darlegungen sind deduktiv aufgebaut, d.h. sie gehen vom Allgemeinen zum Besonderen.

1. NVA und SED

Militär steht unter dem Vorbehalt von Politik. – Was wir als Primat der Politik definieren, galt für die NVA in einem ganz besonderen und völlig anderen Maße, als wir es heute alle kennen und verstehen. Die Politik der SED und voran ihre Militärpolitik folgte stets sowjetischen Vorgaben, egal, ob es um Strukturen, Ausbildungsinhalte oder Einsatzprinzipien für die NVA ging.

Ein bis 1990 existierendes System sowjetischer Militärberater auf allen Führungsebenen bis herunter zur Divisions- und Brigadeebene sicherte den unmittelbaren Einfluss der Sowjets vor Ort.

Es galten die Devisen: „Von der Sowjetarmee lernen, heißt siegen lernen" und „Die Partei hat immer recht".

Letzteres führte dazu, dass in der NVA wegen ihrer zentralen Bedeutung für die Machtausübung der SED Mechanismen wie die Durchsetzung der SED-Mitgliedschaft der Berufssoldaten und hier insbesondere die der Offiziere sowie die Überwachung durch das Ministerium für Staatssicherheit (MfS) in Gestalt der Militärabwehr mit besonderer Schärfe verfolgt wurden.

In Artikel 1 der DDR-Verfassung war die Macht der SED per Gesetz verankert. Die Streitkräfte wurden über die Festlegungen des Parteistatuts der SED hinaus mit einer eigenen Parteiinstruktion und mit einem personal- und kostenintensiven Politapparat geführt.

Das bedeutete im Alltag der Streitkräfte, dass der Politstellvertreter seinen Kommandeur kontrollierte. Eine Organisationsform, wie sie übrigens für die Kontrolle des gesamten Staatsapparates der DDR durch die SED galt. Anders gesagt – die SED hatte sich, legitimiert von der sowjetischen Besatzungsmacht, einen Parteistaat geschaffen, der alle gesellschaftlichen Bereiche der DDR dominierte.

2. NVA – eine kurze Darstellung ihrer Entstehung

In der SBZ entstanden seit dem Sommer 1945 Sicherheitsstrukturen unter Kontrolle und Anleitung der Besatzungsmacht, die zunehmend dem sowjetischen Muster folgten und der Deutschen Verwaltung des Inneren unterstanden.

Nach Gründung der DDR existierte vom Herbst 1949 bis Sommer 1952 die Hauptverwaltung für Ausbildung (HVA), die unter strengster Geheimhaltung die Vorbereitung und Ausgestaltung militärischer Strukturen betrieb, welche dann die Grundlage für die Kasernierte Volkspolizei (KVP) bildeten.

Im Frühjahr 1952 wurde die SED-Führung nach Moskau bestellt. Stalin verkündete ihr, dass die „Phase des Pazifismus" in der DDR beendet ist und alle notwendigen Schritte zur Schaffung von Streitkräften (Land, See, Luft), von vormilitärischen Strukturen (GST) und einer Rüstungsindustrie einzuleiten sind.

Das führte im Juli 1952 zum SED-Beschluss, den Sozialismus aufzubauen und „Nationale Streitkräfte" zu schaffen.

Im Mai 1955 wurde der Warschauer Vertrag (WV) ins Leben gerufen. Die DDR war Gründungsmitglied. Die SED drängte in der Folge zur Aufstellung regulärer Streitkräfte. Dem gab Moskau Anfang 1956 nach. Mit Gesetz vom 18. Januar 1956 wurde die Schaffung der NVA – zunächst als Freiwilligenarmee – besiegelt.

Vereinfacht gesagt hieß das für die KVP, am 1. März 1956 neue Uniformen anzuziehen und ihre Einheiten umzubenennen.

Die Einsatzfähigkeit erreichte die NVA etwa Ende der 1950er Jahre. Nach dem Bau der Mauer 1961 konnte man dann endlich die Wehrpflicht mit Gesetz vom 24. Januar 1962 einführen. Im März 1962 wurden die ersten Wehrpflichtigen eingezogen.

3. NVA – Strukturen

Die Gliederung der NVA und der Landstreitkräfte ist am Beispiel eines Militärbezirkes (MB) dargestellt (Abb. 1).

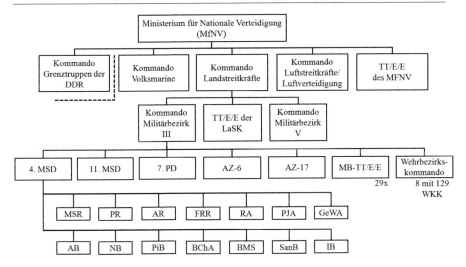

Abb. 1: Spitzengliederung der NVA und der Landstreitkräfte (LaSK), Gliederung des MB III (Leipzig) und der 4. Mot. [motorisierte]-Schützen-Division (MSD).

Abkürzungen in der Abbildung: **TT/E/E** Truppenteil/Einheit/Einrichtung; **PD** Panzerdivision; **AZ** Ausbildungszentrum; **WKK** Wehrkreiskommando; **MSR** Motorisiertes Schützenregiment; **PR** Panzerregiment; **AR** Artillerieregiment; **FRR** Flugabwehrraketenregiment; **RA** Raketenabteilung; **PJA** Panzerjägerabteilung; **GeWA** Geschoßwerferabteilung; **AB** Aufklärungsbataillon; **NB** Nachrichtenbataillon; **PiB** Pionierbataillon; **BChA** Bataillon chemischer Abwehr; **BMS** Bataillon materieller Sicherstellung; **SanB** Sanitätsbataillon; **IB** Instandsetzungsbataillon.

Der MB III umfasste das Territorium der acht Südbezirke der DDR. Das waren die heutigen Bundesländer Sachsen und Thüringen sowie der Süden Sachsen-Anhalts und Brandenburgs.

Man sieht die drei Teilstreitkräfte (TSK) sowie die dem Ministerium für Nationale Verteidigung (MfNV) direkt unterstellten Truppenteile/Einheiten und Einrichtungen (TT/E/E) und die Grenztruppen der DDR (GTdDDR), die mit Beginn des Jahres 1974 nicht mehr zur NVA gehörten. Sie unterstanden gleichwohl dem MfNV.

Dem Kdo LaSK unterstanden zwei Militärbezirke.

Der MB III umfasste drei aktive Divisionen (4. Mot.-Schützen-Division mit Stab in Erfurt, 11. Mot.-Schützen-Division mit Stab in Halle an der Saale und 7. Panzerdivision mit Stab in Dresden) und die MB-TT/E/E (im Wesentlichen personell und materiell gefechtsbereit bei befohlener personeller Anwesenheit von 85%) und drei Mobilmachungsdivisionen auf der Basis von drei Unteroffiziersschulen, die in den späten 1980er Jahren zu Ausbildungszentren (AZ) umgegliedert wurden. Bei Mobilmachung hatten die beiden Militärbezirke je eine Armee zu stellen, die in sowjetische Fronten einzugliedern waren.

Die territorialen Anteile der NVA, das waren Wehrbezirkskommandos, Wehrkreiskommandos und Militärbezirkstruppenteile (WBK, WKK, MB-TT) dienten der Sicherung der Operationsfreiheit der Truppen des WV auf dem Gebiet der DDR sowie dem Zusammenwirken mit den GTdDDR, der Bereitschaftspolizei, den Kampfgruppen der Arbeiterklasse und der Zivilverteidigung. Die Zivilverteidigung unterstand ab Mitte 1976 ebenfalls dem MfNV.

Über allen diesen Strukturen stand von 1960 bis Dezember 1989 der Nationale Verteidigungsrat (NVR) unter Führung des SED-Generalsekretärs. In den Bezirken und Kreisen der DDR existierten als Pedant zum NVR die Bezirkseinsatzleitung (BEL) bzw. die Kreiseinsatzleitung (KEL), jeweils geführt vom 1. Sekretär der SED-Bezirksleitung bzw. SED-Kreisleitung. Alle militärischen Aktivitäten, alle sogenannten Schutz- und Sicherheitsorgane, wurden ausschließlich von der SED über ihren Machtapparat gesteuert.

4. Akademische Ausbildung des medizinischen Personals

Bereits am 1. Juni 1955 wurde die Militärmedizinische Sektion (MMS) als Einrichtung der KVP gegründet. Mit dem Herbstsemester 1955 nahmen 559 uniformierte Studenten die Ausbildung zum Militärarzt, -zahnarzt und -apotheker auf. Die Unterbringung erfolgte in dem 1938 erbauten ehemaligen Luftwaffenlazarett Greifswald. Die Angehörigen der MMS studierten gemeinsam mit ihren zivilen Kommilitoninnen und Kommilitonen an der Medizinischen Fakultät der Ernst-Moritz-Arndt-Universität. Bis 1990 wurden 33 Absolventenjahrgänge ausgebildet. Von 1969 bis 1976 wurde die Ausbildung eingeschränkt, d.h. von 1970 bis 1975 gab es keine Immatrikulationen, da man überzeugt war, das erforderliche Personal aus den zivilen Universitätsfakultäten rekrutieren zu können. Dies war ein Irrtum. Also nahm man die Ausbildung mit dem Herbstsemester 1976/77 wieder auf.

Hier noch zwei Anmerkungen:

Die ersten Militärärzte der KVP wurden bereits Anfang der 1950er Jahre in Leningrad unter strenger Geheimhaltung an der Militärmedizinischen Akademie Leningrad ausgebildet, die übrigens als die älteste russische Militärakademie seit 1798 bis heute existiert. In den 1980er Jahren wurden dann erneut Studenten nach Leningrad zur Ausbildung gebracht. In den 1970er und 1980er Jahren studierten an der MMS auch vietnamesische und jemenitische Militärangehörige.

5. Medizinischer Dienst im Frieden – Auftrag, Organisation, Durchführung

Die fachdienstliche Führung des medizinischen Dienstes lag ausschließlich in den Händen von Militärärzten (Abb. 2).

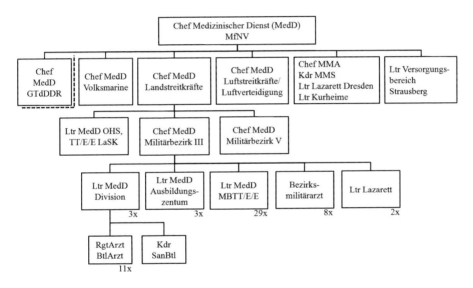

Abb. 2: Fachdienstliche Unterstellung Medizinischer Dienst
(dargestellt am Beispiel Militärbezirk III).

Der medizinische Dienst unterstand in allen Führungsebenen vom MfNV bis zur Ebene Regiment dem jeweiligen Stellvertreter des Chefs/Kommandeurs für Rückwärtige Dienste, beginnend beim Minister, über den Chef der TSK, den Chef des MB, bis hin zum Divisions- und Regimentskommandeur. Das galt sowohl im Frieden als auch für den Kriegsfall (Verteidigungszustand).

Dies entsprach exakt dem Modell der Sowjetarmee. Das führte oft, so meine langjährige Erfahrung, zu unzumutbarer Bevormundung und Vereinnahmung des medizinischen Dienstes.

Der Auftrag des medizinischen Dienstes lautete:

Förderung, Erhaltung und Wiederherstellung der Gesundheit der Armeeangehörigen (AA). Zu beachten ist, dass auch die Zivilbeschäftigten (ZB) betreut wurden. Diese hatten allerdings auch die freie Arztwahl im zivilen Gesundheitswesen.

Interessant war zudem die Tatsache, dass außer Soldaten und ZB auch Familienangehörige der Soldaten, Reservisten der NVA, Rentenempfänger der NVA, Angehörige der VP, des MfS, der Zivilverteidigung und des Zolls, Mitarbeiter der SED und der Staatsorgane sowie der Gesellschaft für Sport und Technik (GST) nach Erteilung der Erlaubnis durch den fachlich vorgesetzten Militärarzt ebenfalls unentgeltlich behandelt werden durften.

Vorrang hatte die Versorgung der AA und ZB. Der Soldat hatte keine freie Arztwahl – Art, Umfang und Ort der Behandlung bestimmte der Truppenarzt.

Die Patienten der Truppenärzte und der Lazarette konnten jederzeit in zivile medizinische Einrichtungen überwiesen bzw. verlegt werden. Eine Kostenerstattung an diese Einrichtungen gab es nicht.

Die Arzneimittelversorgung erfolgte über

- eine zentrale Planung aus Lagern der NVA,
- zivile Pharmaziedepots per Sammelbestellung,
- örtliche Apotheken als Sprechstundenbedarf oder
- Einzelverordnung aus örtlichen Apotheken; Lazarettapotheken versorgten nur das eigene Haus.

An die Militärärzte ergingen keine verbindlichen Auflagen bezüglich der Art, des Umfanges und der Menge zu beschaffender Arzneimittel aus zivilen Apotheken.

Es gab keine Gesamtrechnungslegung. Das MfNV zahlte eine jährliche Pauschale an die Sozialversicherung des FDGB, den Hauptträger der Krankenversicherung in der DDR.

Das bisher Gesagte zeigt, dass der medizinische Dienst der NVA ein Teil des DDR-Gesundheitswesens war. Selbst seine Finanzierung wurde in Anteilen vom zivilen Bereich getragen, wie auch umgekehrt zivile Patienten zu Lasten des Verteidigungshaushalts behandelt wurden. Ein Beispiel für den Einheitsbrei, den man in ironisierender Abwandlung des Wortes Sozialismus als „Sozialmus" überall zu kosten bekam.

Die sanitätsdienstliche Versorgung der NVA umfasste im Frieden unter dem Begriff „Medizinische Sicherstellung" drei Teilgebiete (Abb. 3):

- medizinische Betreuung – ihr entspricht die unentgeltliche truppenärztliche Versorgung der Bundeswehr – mit Neueinberufenenüberwachung, Ausbildungskontrolle, Steigerung der physischen Leistungsfähigkeit, Reihenuntersuchungen, Kuren und Genesungsurlaub, Krankentransport, Dispensairebetreuung, militärmedizinischer Begutachtung),
- hygienisch-antiepidemische Sicherstellung mit Überwachung der Truppen- und Arbeitshygiene, veterinärmedizinischer Sicherstellung durch nur einen zivilen Veterinär im MfNV, Schutz vor übertragbaren Krankheiten und
- materiell-medizinische Sicherstellung mit Bedarfsermittlung, Planung, Beschaffung und Zuführung mat.-med. Mittel, Aufbewahrung, Wartung, Wälzung und Instandsetzung mat.-med. Mittel.

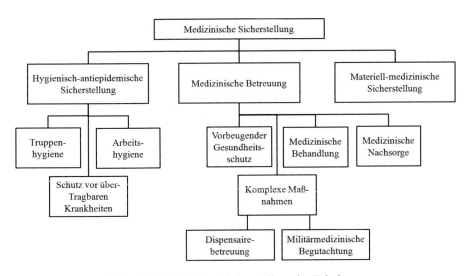

Abb. 3: Medizinische Sicherstellung im Frieden.

Für die medizinische Betreuung unterhielt der medizinische Dienst die in (Abb. 4) dargestellten Einrichtungen: Medizinische Punkte (MedPunkte), Medizinische Einrichtungen des Standortbereiches (MESOB) – diese waren nicht strukturmäßig verankert und arbeiteten in einer Arbeitsgliederung, Polikliniken, Lazarette der TSK (in Cottbus Lazarett der Luftstreitkräfte/Luftverteidigung und in Stralsund Lazarett der Volksmarine in räumlicher und personeller Kooperation mit dem zivilen Bezirkskrankenhaus „Am Sund"), Lazarette der MB (3 Lazarette des MB V in Ückermünde, Neustadt-Glewe und Potsdam; 2 Lazarette des MB III in Leipzig und Gotha) sowie in direkter Unterstellung des MfNV das Lazarett Dresden und die Militärmedizinische Akademie Bad Saarow, welche bis Ende der 1970er Jahre Zentrales Lazarett der NVA hieß. Weiterhin gab es das Institut für Luftfahrtmedizin Königsbrück und die Marinemedizinische Untersuchungsstelle Stralsund.

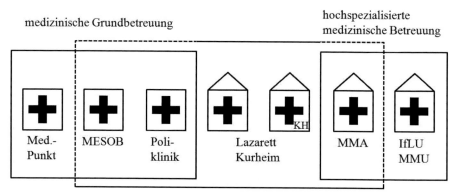

Abb. 4: Medizinische Einrichtungen und Umfang der medizinischen Betreuung.
Abkürzungen in der Abbildung: **MESOB** Medizinische Einrichtung des Standortbereiches; **MMA** Militärmedizinische Akademie; **IfLM** Institut für Luftmedizin; **MMU** Marinemedizinische Untersuchungsstelle.

6. Medizinischer Dienst im Krieg – Planungen, Strukturen, Übungsszenarien

Die Militärs unterschieden – der sowjetischen Militärdoktrin folgend, welche die Vernichtung des Gegners auf seinem eigenen Territorium forderte – folgende Gefechtsarten und Handlungen:

- Angriff,
- Verteidigung,
- Einsatz der Operativen Manövergruppe (OMG),
- Luftlande-, Luftlandesturm- und Seelandeoperationen sowie die
- Operative Umgruppierung, Verlegung und Unterbringung.

Ab 1987 wurden die OMG sowie Luft- und Seelandungen aus den Übungsszenarien gestrichen und der Verteidigung die Priorität eingeräumt. Die militärische Grundforderung „Sanität folgt der Truppe" bestimmte die Inhalte und Formen der medizinischen Sicherstellung. Die Ziele der medizinischen Sicherstellung im Krieg waren:

- Sicherung eines umfassenden Gesundheitsschutzes der AA,
- rechtzeitige Erweisung der medizinischen Hilfe für Geschädigte und Kranke im Gefecht sowie die Erhaltung ihres Lebens und
- Wiederherstellung ihrer Gesundheit und Kampffähigkeit und ihre Rückführung zur Truppe.

Nach Mobilmachung sollte die Handlungsfähigkeit des medizinischen Dienstes durch den schnellen Aufwuchs zahlreicher gekaderter medizinischer Truppenteile und Einheiten und die personelle Ergänzung der aktiven medizinischen Anteile der aktiven Divisionen, Brigaden, Regimenter und Bataillone erreicht werden. Dies alles war detailliert geplant und wurde monatlich am Tag der Gefechtsbereitschaft aktualisiert. Dafür existierte in allen Führungsebenen der „Plan zur Überführung vom Friedens- in den Kriegszustand (PÜFK)".

Nach meinem Wissensstand gab es eine sehr gute Planung und stabsmäßige Vorbereitung für die Mobilmachung und Ergänzung der NVA und ihres medizinischen Dienstes. Der Ausbildungsstand geplanter Reservisten war zumindest befriedigend. Das eingelagerte Material und Gerät war meist in befriedigendem, teils auch gutem Pflege- und Wartungszustand.

Mobilmachungsübungen, wie sie mit größeren personellen Umfängen noch Ende der 1970er Jahre üblich waren, wurden in den 1980er Jahren fast auf null gefahren. Das war der sich kontinuierlich verschlechternden ökonomischen Situation im Lande geschuldet. Die tagelange Abwesenheit von Arbeitskräften aus der Produktion und die Inanspruchnahme ziviler Transport- und Versorgungskapazitäten wurden von den Verantwortlichen in der Wirtschaft zunehmend hinterfragt.

Ansonsten wurden in den aktiven Stäben und Truppen mindestens drei bis vier Mal jährlich die Handlungen in einem möglichen Krieg in Form von Stabsdienstausbildungen, Kommandostabsübungen bzw. Truppenübungen stabsmäßig bzw. mit Volltruppe durchgespielt.

Die Militärärzte in den höheren Führungsebenen bis zur Division bzw. in den Sanitätsbataillonen beherrschten die stabsmäßigen Verfahren gut bis sehr gut. Die Regimentsärzte zeigten eher wenig Interesse.

Die medizinische Sicherstellung im Krieg wurde nach sowjetischem Vorbild als Etappenbehandlung mit zielgerichtetem Abtransport organisiert (Abb. 5). Sie umfasste die Triade:

- medizinische Einstufung,
- medizinische Hilfe und
- medizinischer Abtransport Geschädigter und Kranker.

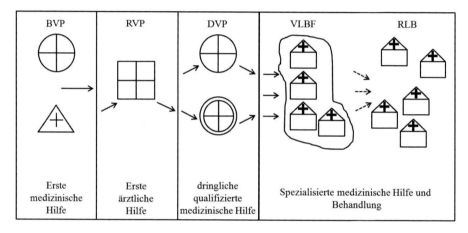

Abb. 5: Etappenbehandlung mit zielgerichtetem Abtransport (vereinfachtes Schema, Variante der Staffelung der medizinischen Hilfe für einen Raketenkernwaffenangriff).

Abkürzungen in der Abbildung: **BVP** Bataillonsverbandplatz; **RVP** Regimentsverbandplatz; **DVP** Divisionsverbandplatz; **VLBF** Vorgeschobene Lazarettbasis der Front; **RLB** Rückwärtige Lazarettbasis.

Daraus wurden die Hauptaufgaben für die medizinische Sicherstellung abgeleitet:

- Führung des medizinischen Dienstes,
- medizinische Hilfe,
- medizinischer Abtransport,
- hygienisch-antiepidemische Sicherstellung,

- medizinischer Schutz vor Massenvernichtungswaffen (MVW) und
- materiell-medizinische Sicherstellung.

Als Etappen des medizinischen Abtransportes fungierten:

- Bataillonsverbandplatz (BVP),
- Regimentsverbandplatz (RVP),
- Divisionsverbandplatz (DVP),
- selbstständige medizinische Abteilung (smA),
- Vorgeschobene Lazarettbasis der Front (VLBF) und
- Reservelazarette.

Jede Etappe vom RVP bis zur VLBF hatte vier funktionelle Elemente für:

- Einstufung,
- Spezialbehandlung,
- Operationen und Verbinden sowie
- Abtransport (Abb. 6).

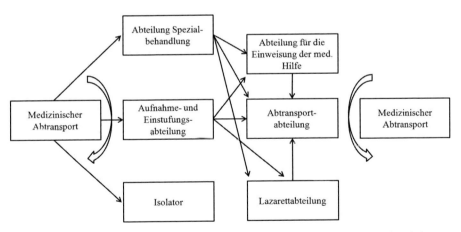

Abb. 6: Die Grundelemente aller Behandlungsebenen vom Regimentsverbandplatz (RVP) bis zur Vorgeschobenen Lazarettbasis der Front (VLBF).

Zum besseren Verständnis ist im Textkasten 1 ein Terminologievergleich NVA/Bundeswehr eingefügt.

Die Gefechtsstärken der LaSK und die zugehörigen Personalansätze des medizinischen Dienstes zeigt Tabelle 1.

Die Strukturelemente des medizinischen Dienstes waren den Führungsebenen wie in Tabelle 2 dargestellt zugeordnet.

NVA	Bundeswehr
Selbsthilfe und gegenseitige Hilfe	Selbst- und Kameradenhilfe
Erste medizinische Hilfe	Erste sanitätsdienstliche Hilfe
Erste ärztliche Hilfe	Erste ärztliche Hilfe
Qualifizierte medizinische Hilfe	Ärztliche Erstversorgung
Spezialisierte medizinische Hilfe	Krankheits-, Verwundungsspezifische Endbehandlung

Textkasten 1: Terminologievergleich Medizinische Sicherstellung NVA vs. Sanitätsdienstliche Versorgung Bundeswehr.

Struktur	Durchschnittliche Personalstärke	Medizinisches Personal
Gruppe	10	1 Hilfssanitäter
Zug	30	3-4 Hilfssanitäter
Kompanie	100	1 Sanitätsunteroffizier
Bataillon	400	1 Sanitätszug mit 10 Mann
Regiment	2.000	1 Sanitätskompanie mit 35 Mann
Division	14.000	1 Sanitätsbataillon mit 203 Mann 2 selbständige medizinische Abteilungen mit je 159 Mann
Armee	80-100.000	1 Medizinisches Bataillon mit 564 Mann

Tab. 1: Gefechtsstärken der Landstreitkräfte, Stand 1989.

Führungsebene	Einheiten des Medizinischen Dienstes	Kräfte des Medizinischen Dienstes
ARMEE	Abteilung medizinische Verstärkung selbständige medizinische Abteilungen Sanitätstransportkompanie Antiepidemische Abteilung	Fachärzte aller Profile
VERBAND (Division)	Sanitätsbataillon selbständige medizinische Abteilung (zeitweilig)	Fachärzte Anästhesie, Chirurgen, Innere Medizin
REGIMENT	Sanitätskompanie	Fachärzte Allgemeinmedizin, Fachzahnärzte
BATAILLON (selbständig)	Sanitätszug	Fachärzte Allgemeinmedizin
BATAILLON (des Regiments)	Sanitätsgruppe	Sanitätsinstrukteure
KOMPANIE	Sanitätstrupp	Sanitätsunteroffiziere, Sanitäter

Tab. 2: Einheiten und Kräfte des medizinischen Dienstes im Gefecht in ihrer Zuordnung zu den militärischen Führungsebenen.

Darüber hinaus existierte eine flächendeckende Organisation von Reservelazaretten, die das Gesundheitswesen in Verantwortung des Ministers für Gesundheitswesen zu unterhalten hatte. Die NVA hatte das Recht, in diesen per Leistungsbescheid bestimmten Einrichtungen den materiellen und personellen Vorbereitungsstand zu kontrollieren (Tabelle 3).

Bezirk der DDR	heutiges Bundesland	Anzahl der Reservelazarette	Anzahl der Betten
Cottbus	Brandenburg	13	10.000
Dresden	Sachsen	17	21.700
Erfurt	Thüringen	16	16.000
Gera	Thüringen	10	9.000
Halle	Sachsen-Anhalt	15	22.500
Karl-Marx-Stadt	Sachsen	17	19.500
Leipzig	Sachsen	15	17.500
Suhl	Thüringen	6	4.000
gesamt		**109**	**120.200**

Tab. 3: Reservelazarette Militärbezirk III, Stand 1989.

Noch eine Anmerkung zur Personallage des medizinischen Dienstes (Tabelle 3).Zu keiner Zeit war es gelungen, alle Dienstposten mit Ärzten, Zahnärzten und Apothekern vollständig zu besetzen, für Offiziere medizinische Sicherstellung (entspricht dem Offz MilFD der Bundeswehr) und Sanitätsunteroffiziere galt gleiches. Die Besetzung mit Sanitätern, Militärkraftfahrern und zivilem Assistenzpersonal gelang fast immer vollständig und in guter Qualität. Hilfreich war vor allem eingespieltes Zivilpersonal (Vertragsärzte aus dem staatlichen Gesundheitswesen, Zahnärzte, Fachärzte in den Lazaretten, Krankenschwestern, MTA), welches die Abwesenheit, respektive das Fehl an Militärärzten und Sanitätsunteroffizieren kompensierte.

	Plan-stellen Soll	besetzt durch									
		BO/FA	BO	OaZ	ZB	BO/OmS	OaZ/OmS	Fhr	BUffz	UaZ	Nb
Truppe											
MÄ	119	29	29	41	7	*6 **					7
MZÄ	16	4	1	7	3						1
MAPO	8	2	4	1		*1**					
ZZÄ	13	4		4	2						3
OmS	61					54	6	*1*			
Fhr	116					1	11	61	*21*	*16*	6
Laz											
MÄ	33	26		6							1
MZÄ	2	2									
MAPO	2	2									
ZÄ	18				15						3
ZZÄ	3				3						

Tab. 3: Personallage Medizinischer Dienst Militärbezirk III, Stand 31.05.1989, Versorgungsumfang 49.500.

Abkürzungen in der Abbildung: **BO/FA** Berufsoffizier/Facharzt; **BO** Berufsoffizier; **OaZ** Offizier auf Zeit; **ZB** Zivilbeschäftigter; **BO/OmS** Berufsoffizier/Offizier medizinische Sicherstellung; **OaZ/OmS** Offizier auf Zeit/Offizier medizinische Sicherstellung; **Fhr** Fähnrich; **BUffz** Berufsunteroffizier; **UaZ** Unteroffizier auf Zeit; **Nb** nicht besetzt; **MÄ** Militärärzte; **MZÄ** Militärzahnärzte; **MAPO** Militärapotheker; **ZZÄ** Zivilzahnärzte; **OmS** Offizier medizinische Sicherstellung; **Laz** Lazarette; **ZÄ** Zivilärzte; **Planstellen kursiv geschrieben** fehlende Qualifikation; * nur Wahrnehmung nicht approbationsgebundener Aufgaben.

Die Versorgungsengpässe bzw. das Fehlen modernen Geräts, die defizitäre Arzneimittelversorgung und Mängel bei der Infrastruktur des zivilen Gesundheitswesens schlugen sich auch im medizinischen Dienst der NVA nieder.

Zudem waren die Ärzte, Zahnärzte und Apotheker der NVA im Unterschied zum
zivilen Gesundheitswesen in einer weitaus schärferen Form ideologischen und politischen Zwängen unterworfen (SED-Mitgliedschaft, politische Schulung, gezielte
Anwerbung als IM durch die Staatssicherheit). Militärmediziner wurden stets kri-
tisch betrachtet, hinzu kam, dass sie prinzipiell besser besoldet wurden als ihre militärischen Vorgesetzten, was Neid und Missgunst schürte. Sicher war das eine
Form der sozialen Korrumpierung, wie sie die DDR gegenüber Fachleuten und
Spezialisten, die als unverzichtbar galten, in allen Gesellschaftsbereichen pflegte.
Alle Angehörigen der „Intelligenz" standen quasi unter dem Generalverdacht, nicht
wirklich zur Sache der Partei zu stehen.

7. Medizinischer Dienst der NVA – Anspruch, Legende, Wirklichkeit

Die Militärmedizin in der DDR wurde als Wissenschaft betrieben, die das Zusammenwirken von Medizin und Militärwissenschaft im Interesse der medizinischen
Sicherstellung der Streitkräfte praktizierte. Ihre Wurzeln hatte sie in der klassischen
deutschen Medizin und wurde auf Grund der Machtverhältnisse von der sowjetischen Militärmedizin ganz maßgeblich geprägt (Abb. 7).
Die Angehörigen des medizinischen Dienstes der NVA waren sich einig bei der Erfüllung der Aufgabe, dem Wohl des kranken bzw. verwundeten Soldaten zu dienen,
ebenso wie wir es in der Bundeswehr kennen und praktizieren. Diese Gemeinsam-
keit bestand unbestritten auch zu Zeiten des Kalten Krieges. Mit dem 3. Oktober
1990 traten 381 Ärzte, 69 Zahnärzte und 32 Apotheker als Weiterverwender ihren
Dienst in der Bundeswehr an. Hinzu kamen – politisch gewollt – 112 Ärzte, zwei
Zahnärzte und zwei Apotheker des ehemaligen Volkspolizeikrankenhauses Berlin.
Diese Zahlen sprechen für sich.
Der medizinische Dienst der NVA hat eine solide medizinische Versorgung der
Soldaten erbracht, die mit der Versorgung in zivilen Einrichtungen analogen Zu-
schnitts keinen Vergleich zu scheuen brauchte. Das gerade oder umso mehr, weil
sich der einfache Soldat gern in die Nische der Medizin zurückzog, um den unge-
liebten Erscheinungen des militärischen Alltags zu entfliehen. Das führte zu einer
vermehrten Inanspruchnahme der Truppenärzte.

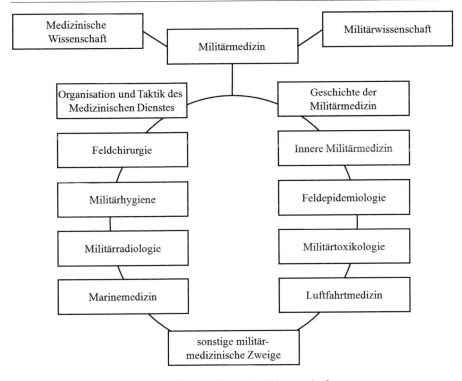

Abb. 7: Militärmedizin als Wissenschaft.

Die Leistungen der Lazarette wurden gegenüber denen vergleichbarer Krankenhäuser als höherwertiger bei Qualität und Quantität aber auch bezüglich der Hinwendung zum Patienten eingeschätzt.

Die in der Phase der Götterdämmerung der DDR erhobenen Vorwürfe, die NVA habe das mit mehr Personal und besserem Equipment erreicht, trafen für die MedPunkte und Lazarette definitiv nicht zu. Man hatte einfach – sicher auch politisch motiviert – die straffere Organisation und die stringenteren Strukturen des medizinischen Dienstes mit einem Mehr an Personal, Infrastruktur und Gerät verwechselt. Allerdings für die MMA, das IfLM und die MMU besaßen diese Vorwürfe durchaus ihre Berechtigung.

Das anwendungsbereite Rüstzeug des medizinischen Dienstes der NVA in Gestalt einer wirklich umfassenden und weitgehend aktuellen Vorschriftenlage von der Musterung über die Prophylaxe, Therapie und Nachsorge bis hin zur Begutachtung unterschied sich ganz wesentlich von dem was der Autor bei der Bundeswehr erlebt hat. Das ist nicht nostalgisch gemeint, sondern eine sachliche Feststellung.

Literaturverzeichnis:

DIEDRICH/EHLERT/WENZKE (1998): Torsten Diedrich, Hans Ehlert und Rüdiger Wenzke (Hrsg.), Im Dienste der Partei. Handbuch der bewaffneten Organe der DDR, 2. Aufl. Berlin 1998

DIETZEL: Gerd Dietzel, eigene Aufzeichnungen

EBERT (1982): Rolf Ebert, Grundriss der Militärmedizin, Berlin 1982

NATIONALE VOLKSARMEE DER DEUTSCHEN DEMOKRATISCHEN REPUBLIK (1987): Nationale Volksarmee der Deutschen Demokratischen Republik, Entschluss des Chefs Medizinischer Dienst der 3. Armee zur Durchführung der Mobilmachung vom 29.01.1987

MINISTERIUM FÜR NATIONALE VERTEIDIGUNG (1987): Ministerium für Nationale Verteidigung – Ministerrat der Deutschen Demokratischen Republik, DV 060/0/003 Medizinische Sicherstellung der Truppen im Gefecht Division, Brigade und Regiment, Berlin 1987

MINISTERIUM FÜR NATIONALE VERTEIDIGUNG (1987): Ministerium für Nationale Verteidigung – Ministerrat der Deutschen Demokratischen Republik, DV 060/0/004 Medizinische Sicherstellung der Truppen in der Operation Armee und Armeekorps, Berlin 1987

Adresse des Verfassers

Oberstarzt a. D. Dr. Gerd Dietzel
Arnstädter Kehre 7
D-04205 Leipzig
dr.dietzel@t-online.de

Anmerkung

[1] Vortrag, gehalten im Rahmen des 2. Wehrmedizinischen Symposiums, veranstaltet von der Gesellschaft für Geschichte der Wehrmedizin e.V. in Verbindung mit der Sanitätsakademie der Bundeswehr am 10.11.2010 in München. – Der Vortragstext wurde im Wesentlichen beibehalten.

Sicherheitspolitische Aspekte der Bundesrepublik Deutschland im Zeichen der Wiedervereinigung

SECURITY POLICY ASPECTS OF THE FEDERAL REPUBLIC OF GERMANY IN THE LIGHT OF REUNIFICATION

von Rufin Mellentin[1]

Zusammenfassung:

Der vorliegende Beitrag gibt einen Überblick über die Spannungsfelder der westdeutschen Außen- und Sicherheitspolitik (in Folge wird nur von Sicherheitspolitik gesprochen werden) von der Nachkriegszeit, über den Kalten Krieg zum Zwei-plus-Vier-Vertrag, bis hin zur „Berliner Republik".

Erklärte Ziele des ersten deutschen Bundeskanzlers – Konrad Adenauer – waren eine Anbindung an den Westen, Wiederbewaffnung, Rückkehr in die Staatengemeinschaft und die Aussöhnung mit Frankreich. Mit dem Inkrafttreten der Pariser Verträge wurde Westdeutschland auch Mitglied der NATO und gewann wesentliche Souveränitätsrechte zurück. Im Zuge der sich anschließenden Wiederbewaffnung und des Aufbaus der Bundeswehr wurden bis Mitte der 60er Jahre des letzten Jahrhunderts auch die Trägersysteme für eine atomare Teilhabe beschafft. In der Folgezeit stieg die Zahl der Atomsprengkörper schnell von 600 auf etwa 7.000 an. Gleichzeitig wuchs die Bundeswehr zum größten konventionellen Truppensteller der NATO in Mitteleuropa auf. Es folgte eine Phase der Entspannung, welche aber mit dem Einmarsch der Sowjetunion in Afghanistan 1979 und dem NATO Doppelbeschluss schnell endete.

Mit dem Fall der Mauer 1989, dem Zwei-plus-Vier-Vertrag 1990 und der sich anschließenden Wiedervereinigung Deutschlands brach für die deutsche Sicherheitspolitik eine neue Epoche an. Die Bundeswehr wurde immer mehr zu einer Einsatz- und Parlamentsarmee. „Out of area"-Einsätze sind mittlerweile zum Alltag geworden und die sogenannte „Scheckbuchdiplomatie" gehört endgültig der Vergangenheit an. Die Bundeswehr und die deutsche Sicherheitspolitik bewegen sich nun aktuell im Spannungsfeld nichtinternationaler bewaffneter Konflikte und asymmetrischer Bedrohungen.

Schlüsselwörter:
Sicherheitspolitik, NATO Doktrin, Kalter Krieg, Pariser Verträge, MC 14/2, MC 14/3, Wiederbewaffnung, NATO Doppelbeschluss, Parlamentsarmee, „out of area"-Einsätze

Summary:
This article provides an overview of the areas of conflict in West German security policy – from the post-War period through the Cold War to the Two-plus-Four Treaty and the period when Bonn was Germany's seat of government.
The declared objectives of the first German federal chancellor, Konrad Adenauer, was to establish ties with the West, rearmament, reversion to a community of states, and reconciliation with France. When the Paris Peace Treaties came into force, Germany also became a member of NATO and regained crucial rights of sovereignty. In the course of the ensuing rearmament process and the establishment of the Bundeswehr, by the mid-1960s the first missiles had been procured and nuclear explosive devices had been stationed. During the period that followed, the number of nuclear explosive devices rapidly increased from 600 to approx. 7,000. At the same time, the Bundeswehr grew to form the biggest contribution of a member state to the conventional NATO armed forces in Central Europe. Tensions eased after this, a phase, however, that soon ended with the Soviet Union's invasion of Afghanistan in 1979 and the NATO Double-Track Decision.
The fall of the Berlin Wall in 1989, the 1990 Two-plus-Four Treaty, and the ensuing reunification of Germany marked the beginning of a new era in German security policy. The Bundeswehr increasingly developed into an operational and parliamentary army – „out of area"-missions are now an everyday occurrence, and check-book diplomacy is a thing of the past. The Bundeswehr and German security policy are currently faced with the challenge of non-international armed conflicts and asymmetric threats.

Keywords:
Security policy, NATO doctrine, Cold War, Paris Peace Treaties, MC 14/2, MC 14/3, rearmament, NATO Double-Track Decision, parliamentary army, „out of area"-missions

Vorbemerkungen

Winston Churchill prägte nicht nur den Begriff des Eisernen Vorhanges, sondern schuf damit auch begrifflich eine charakteristische Metapher für die Epoche des Kalten Krieges. Für die bipolare Welt des Kalten Krieges bildete das geteilte Deutschland die Nahtstelle der Auseinandersetzung, das geteilte Berlin stand wiederholt im Brennpunkt des Geschehens und vielleicht wird auch das Jahr 1990 von zukünftigen Generationen als „Jahr der Deutschen" betrachtet werden.

Der Zwei-plus-Vier-Vertrag beendete völkerrechtlich den Zweiten Weltkrieg und mit der deutschen Wiedervereinigung wurden die Frontlinien des Kalten Krieges beseitigt. Es folgten die friedliche Auflösung des Warschauer Paktes und der Zerfall der Sowjetunion.

Das souveräne Deutschland musste seine neue Rolle in Europa finden; dies galt auch in Bezug auf die Perzeption durch seine Nachbarn. Wir waren nun, so eine landläufige Formulierung, „von Freunden umzingelt", die Friedensdividende sollte auch die Bundeswehr einzulösen haben.

Gestatten sie mir, dass ich mich nun im Wesentlichen auf die Geschichte „Westdeutschlands" begrenze. Nicht etwa, weil aus der heutigen Perspektive die DDR als zweiter deutscher Staat zum Untergang verurteilt war. Als Militärhistoriker wäre dieser Streifzug sicherlich reizvoll, denkt man allein an die hohe Stellung des Militärischen in der DDR-Gesellschaft, für dessen Propagierung die Publikationspolitik des Militärverlages mit durchschnittlichen rund 175 Titeln im Jahr sorgte.

Für große Teile der Welt hatte gerade der westdeutsche „Rechtsnachfolger des Deutschen Reiches" die zentrale Anziehungskraft auch während des Kalten Krieges nicht verloren. Die DDR bewies dieses schließlich durch ihre friedliche und freiwillige Aufnahme in das Geltungsgebiet des Grundgesetzes im Jahr 1990.

Europa versus Deutschland

Was hat Otto von Bismarck mit dem Thema zu tun? Auf dem Berliner Kongress 1878 vermittelte er als selbsternannter „ehrlicher Makler" in der damaligen Balkankrise. Der Balkan, so äußerte er sich abfällig, sei nicht die Knochen eines einzigen pommerschen Grenadiers wert; heutige Bundesregierungen sehen dies anders, und wir werden am Ende darauf zurückzukommen haben. Bismarck versuchte neutral zu sein, schränkte Russlands Ambitionen ein, und Serbien erlangte seine völkerrechtliche Unabhängigkeit vom Osmanischen Reich. Doch indem er zum Beispiel wiederholt von „südserbischen Hammeldieben" sprach, machte sich schon damals eine Widersprüchlichkeit sichtbar, die Europa zu Deutschland auf Distanz hielt.

In der Zeit des Kalten Krieges arrangierte man sich mit einem geteilten Deutschland in zwei unterschiedlichen Lagern. Der jeweils andere Teil konnte klar zugeordnet werden, war also berechenbar. Im Zentrum des Gravitationsfeldes lagen die beiden „Deutschlands".

Für die Rolle, die man damals von Deutschland erwartete, sei ein bei der NATO in der Zeit des Kalten Krieges – hinter vorgehaltener Hand – gepflegtes Bonmot zitiert: „We need NATO to keep the Americans in [Europe], the Russians out and the Germans down". Als NATO Mitglied konnten wir damit gut leben!

Für das Zentrum in Europa – und Deutschland besitzt hier nun einmal die meisten Grenzen – war es folglich nicht nur wichtig, seine Rolle in Bezug auf seine unmittelbaren Nachbarn neu zu definieren, sondern in besonderem Maße auch die zu den beiden damaligen Supermächten.

Auch heute ist für die deutsche Sicherheitspolitik die Rolle zu Russland in der Kontinuität zur bismarckschen Außenpolitik evident, und das gilt nicht nur mit Blick auf den zu erwartenden 70. Jahrestag des deutschen Überfalls auf die Sowjetunion.

Paradigmen bundesdeutscher Sicherheitspolitik

Als Soldaten wissen wir, dass Sicherheitspolitik zuallererst die Außenpolitik impliziert. Und somit stand am Anfang unserer deutschen Nachkriegszeit der „Alte Mann aus Röhndorf", Konrad Adenauer, welcher zunächst als Bundeskanzler die Weichen der Außenpolitik neu stellte: Westbindung, Wiederbewaffnung, Rückkehr in die Staatengemeinschaft und Aussöhnung mit Frankreich.

Doch Sicherheitspolitik impliziert ebenso Wirtschaftspolitik. Sie begann im Nachkriegsdeutschland mit der Währungsreform zu Beginn des Sommers 1948. Diese forderte den Kreml heraus und führte zur ersten großen Krise des Kalten Krieges um Berlin. Die Berliner Luftbrücke wurde durch die Westalliierten fast ein Jahr lang durchgehalten und schweißte den Westen näher zusammen. Das deutsche Wirtschaftswunder, das die Welt seit Mitte der 50er Jahre des letzten Jahrhunderts ins Staunen versetzte – und die Deutschen übrigens auch – kam nicht mehr furchteinflößend wie noch 50 Jahre zuvor, sondern eingebettet in Wirtschaftsbündnisse.

Ein Ziel dieser Wirtschaftsbündnisse war es, auch entsprechend der jeweiligen Militärpolitik, Deutschland politisch zu kontrollieren.

Die erste NATO-Doktrin vom Dezember 1952 beruhte auf der atomaren Erstschlagskapazität der USA, hatte aber als „Schild- und Schwertdoktrin" den Webfehler, dass ein geplantes Auffangen eines konventionellen Angriffs durch das Schild der Heeresverbände – mittels einer Vorneverteidigung ostwärts des Rheines – ohne einen deutschen Militärbeitrag nicht möglich werden konnte. Der Koreakrieg wirkte als Katalysator. Adenauer, 1949 bereits 73 Jahre alt, witterte seine Chance im Kalten Krieg. Eine eigene Militärpolitik wurde denkbar und zielstrebig verwirklicht. Doch zunächst hatten sich der Vertrag von Dünkirchen sowie der Brüsseler Vertrag noch explizit gegen eine unabhängige deutsche Militärpolitik gerichtet.

Eines wurde den Deutschen und auch den Europäern in den 50er Jahren des letzten Jahrhunderts glasklar vor Augen geführt: Ihre nationalen Ansprüche an Großmachtpolitik hatten nicht nur Deutschland, sondern auch Frankreich und Großbritannien – trotz ihrer Teilhabe am Nuklearwaffenmonopol (Frankreich seit Anfang der 1960er Jahre) – mehr und mehr verloren. „American way of life" und russische Panzer bestimmten die Weltpolitik, und somit wurden sowohl Washington als auch Moskau zentrale Paradigmen deutscher und europäischer Sicherheitspolitik.

Kurz zur Bundeswehr: In der Abbildung 1 ist das I. Bataillon des Infanterieregiment (IR) 9 zu Beginn der 1930er Jahre auf dem Weg vom Standortübungsplatz, dem Bornstedter Feld, zurück in seine Spandauer Garnison zu sehen.

Abb. 1: Rückmarsch des I. Bataillons des IR 9 im Juni 1933 vom Bornstedter Feld
(Quelle: HEINEMANN [2007], Foto: Eichgrün)

Rechts neben dem Bataillonskommandeur reitet Henning von Tresckow, hinter
dem Kommandeur marschiert der junge Wolf Graf von Baudissin.

Der Name von Tresckow wird als Protagonist des militärischen Widerstandes ge-
gen Hitler die Auseinandersetzung um die militärischen Traditionen der jungen
Bundeswehr mitbestimmen. Das Konzept der – und der Kampf um die – „Innere
Führung" sind unlösbar mit dem Namen Graf von Baudissin verknüpft.

Und schließlich der Zivilist am Gartenzaun: Es ist Kurt Schumacher, der leiden-
schaftliche Oppositionsführer des jungen Bundestages. Zwar wird er aus Gründen
der nationalen Einheit zu einem Gegner der Wiederaufrüstung, doch steht sein Name für eine strikte Abgrenzung zur SED und eine funktionierende Opposition, ohne
die man sich die moderne deutsche Demokratie nicht denken kann. Der amerikani-
sche Historiker Donald Abenheim schrieb in seinem Standardwerk „Bundeswehr
und Tradition" 1989,[2] dass schließlich auch das Engagement der Opposition bei
den Fragen des Inneren Gefüges der Bundeswehr den zivil-militärischen Beziehun-
gen in der Bundesrepublik zugutekam. Sie half schließlich – trotz aller inhaltlichen
Auseinandersetzungen – zur Basisbildung eines politischen Konsenses über die
bewaffnete Macht, der von den späten 50er Jahren des letzten Jahrhunderts bis Anfang 1980 bestand. Eine der unbestreitbaren Glanzleistungen der Bundesrepublik.

In der Abbildung 1 fehlt übrigens Richard von Weizsäcker. Er ist zu Kriegsbeginn als Wehrpflichtiger Angehöriger des IR 9, bei Kriegsende zuletzt Hauptmann im Regiment.

Als Katalysator im Prozess der Wiedervereinigung ist als weiteres Betrachtungsfeld der Sicherheitspolitik sicherlich auch die Wirtschaftspolitik von sicherheitspolitischer Relevanz. Eine eingehende Betrachtung sprengte jedoch den Rahmen des Vortrages.

Der Kalte Krieg

Hatten die USA zunächst das Monopol der Atombombe, so zog die Sowjetunion 1949 nach. Die Zeit des Kalten Krieges war geprägt von der Abwesenheit eines „heißen Krieges" zwischen den Supermächten. Allerdings gab es sogenannte „Stellvertreterkriege" in der ganzen Welt und Krisen, die unsere Welt wiederholt an den Rand eines Weltkrieges führten. In der Zeit des Kalten Krieges arrangierte man sich seit 1949 mit einem geteilten Deutschland, welches jeweils unterschiedlichen Lagern angehörte. Der jeweils andere Teil konnte eindeutig zugeordnet werden, war also klar berechenbar.

Von Anfang an stützte sich westdeutsche Sicherheitspolitik auf die Existenz der NATO, die sich am 4. April 1949 in Washington konstituiert hatte.

Ein halbes Jahr später hatte sich die Bundesrepublik Deutschland im Petersberger Abkommen auf einen Verzicht zur Wiederaufstellung bewaffneter Streitkräfte verpflichtet. Als nun der Ausbruch des Koreakrieges die westliche Welt erschütterte, ergriff Adenauer eine Möglichkeit, die Beschränkungen der Souveränität zu lockern.

Am 05. Oktober 1950 hatte Adenauer 15 kriegsgediente Offiziere zu einer Klausurtagung im Kloster Himmerod zusammenkommen lassen, um über eine mögliche deutsche Wiederbewaffnung und neue deutsche Streitkräfte zu beraten. Einer der Jüngsten dabei war der bereits erwähnte, 1943 in Afrika in Gefangenschaft geratene, Major Wolf Graf von Baudissin. Auch General Heusinger gehörte dazu. Er stand als Chef der Operationsabteilung des Heeres am 20. Juni 1944 neben Hitler, wurde erster Generalinspekteur der Bundeswehr und 1963 erster deutscher Vorsitzender des NATO Militärausschusses.

Doch zunächst wurde im Bundestag leidenschaftlich über eine Wiederbewaffnung gestritten. Mit dem Wirksamwerden der Pariser Verträge am 5. Mai 1955 wurde

Westdeutschland auch Mitglied in der NATO und gewann damit wesentliche Souveränitätsrechte zurück. Die Sowjetunion antwortete mit der Gründung des Warschauer Paktes, der sich anders als die NATO bis zuletzt als ein reines Militärbündnis verstand.

In der letzten Sitzung der zweiten Legislaturperiode des Deutschen Bundestages entschied dieser übrigens auch, allen Approbationen des Sanitätsdienstes der neuen Bundeswehr den Soldatenstatus zuzuerkennen. Der Startschuss für einen Neuanfang war auch hier gefallen.

Wenige Tage bevor die ersten Grundwehrdienstleistenden im April 1957 in westdeutsche Kasernen einzogen – die DDR führte die Wehrpflicht erst nach dem Mauerbau 1961 ein – vereinbarte der Militärausschuss der NATO mit der Vereinbarung „MC 14/2", der Doktrin der massiven Vergeltung („Massive Retaliation"), im März 1957 eine neue Strategie. Allerdings: Über aller Kritik, die sich in der bundesdeutschen Öffentlichkeit gegen die Soldaten der jungen deutschen Bundeswehr richtete, stand das Paradoxon der nuklearen Abschreckung. War schon Gustav Heinemann 1950 aus Protest gegen eine Wiederaufrüstung als Innenminister zurückgetreten, so regten sich damals auch schnell erste Kritik und erste Zweifel am Konzept der nuklearen Vergeltung. Ein Zitat des späteren Bundespräsidenten Richard von Weizsäcker Anfang 1958 soll das Dilemma noch einmal verdeutlichen:

„Wenn ich zur Verteidigung nur eine Waffe besitze, die zugleich mit dem Angreifer auch mich selbst tötet, so kann paradoxerweise eine solche Waffe mein Leben besser schützen als mein Eigentum. Denn: Wer mich ermorden will, der muss fürchten, dass – da mein Leben sowieso verloren ist – ich diese Waffe benutzen werde, um wenigstens auch ihn mit in den Tod zu nehmen; insofern kann also meine Waffe ihn abschrecken. Wer aber nur meine Brieftasche stehlen will, der wird sich sagen, dass mir mein Leben wichtiger ist als meine Brieftasche; er wird damit rechnen können, dass ich die uns beide vernichtende Waffe nicht benutze, weil niemand sich seiner Brieftasche wegen selbst in die Luft sprengt. Hat der Dieb recht mit der Vermutung, so verliere ich die Brieftasche, hat er unrecht, und ich greife doch zur Waffe, so verliere ich mit ihm gemeinsam mein Leben. Die im Westen dominierende Theorie der massiven Vergeltung entspricht dem Versuch, mit einer selbstmörderischen Waffe Diebe abzuwehren. Ein Zyniker erfand dafür das Motto: Wer zuerst schießt, stirbt als Zweiter."[3]

Der Aufbau der Bundeswehr sollte von Anfang an die konventionelle Schwäche des Westens ausgleichen. Und auch um die nukleare Teilhabe wurde im Bundestag 1957 leidenschaftlich gekämpft; schließlich beschloss die Regierungsmehrheit im März 1958 eine entsprechende Ausrüstung. Bis Mitte der 1960er Jahre wurden die Flugkörper Matador, Pershing, Honest John und das Flugabwehrraketensystem Nike Herkules beschafft.

Und die Bevölkerung? Im Zeichen des wirtschaftlichen Aufschwunges gab es nun einen breiten politischen Konsens. Zählte man 1955 noch über eine Million Arbeitslose, so hatte man bald Vollbeschäftigung. In der Zeit des Wirtschaftswunders vervierfachte sich das Nettoeinkommen, die Rolle der Frau begann sich zu wandeln – das erste Gleichberechtigungsgesetz trat 1958 in Kraft – und immer mehr leisteten sich einen VW Käfer und einen Urlaub im Süden.

Spätestens als die „Zweitschlagskapazität" der USA zu Beginn der 60er Jahre des letzten Jahrhunderts zusehends von der Sowjetunion in Frage gestellt wurde, war die „MC 14/2" obsolet geworden. Für Deutschland hatte sie als wahrscheinlichstes Schlachtfeld immer einen schalen Beigeschmack gehabt und somit wurde die Bundesrepublik zum Protagonisten der seit 1967 gültigen neuen NATO Strategie „MC 14/3", der flexiblen Antwort („Flexible Response"). „Direktverteidigung", „vorbedachte Eskalation" und „allgemeine nukleare Eskalation" waren die Stichworte für die militärische „Triade", mit der man flexibler werden und Zeit für politische Verhandlungen schaffen wollte. Vor dem „General Alert" (so wurde der Kriegsfall im NATO-Deutsch bezeichnet) waren für die Alarmpläne „die Krise" und „der Spannungsfall" vorgeschaltet. Auf die nukleare Erstschlagsoption wollte man allerdings nicht verzichten, was aus heutiger Perspektive mit dazu beitrug, dass man diese Epoche in drei Phasen teilen kann: Entspannung, Spannung und Wandel. Die Zahl der Atomsprengkörper stieg in Westdeutschland schnell von 600 auf ca. 7.000 an.

Übrigens: Die Bundeswehr kam nun rasch in eine Konsolidierungsphase und wuchs zum größten Truppensteller konventioneller Streitkräfte der NATO in Mitteleuropa auf. Mitte der 1980er Jahre stellte sie in den NATO-Kommandobereichen CINCENT (Commander in Chief, Allied Forces Central Europe = Oberbefehlshaber der alliierten Truppen in Mitteleuropa) und COMBALTAP (Commander, Allied Forces Baltic Approaches = Befehlshaber des NATO-Kommandobereichs der Ostseezugänge) ca. 50% der präsenten Landstreitkräfte, 50% der bodengebundenen Luftstreitkräfte, 30% der Kampfflugzeuge und einen großen Anteil der See-

und Seeluftstreitkräfte. Frauen zogen 1975 erstmals auch in die Bundeswehr ein. In dieser Zeit lag der Finanzaufwand für die Bundeswehr bei durchschnittlich 20% des Bundeshaushaltes. Heute hat sich dieses Verhältnis halbiert.

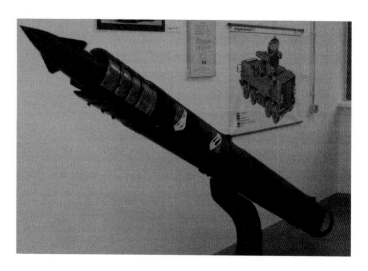

Abb. 2: „Roland"-Rakete mit Aufschrift „Bringen Licht und Wärme ins Cockpit" (Quelle: Archiv des Verfassers)

Und die große Politik? Trotz des Prager Frühlings und der Studentenunruhen 1968 taute das Verhältnis zwischen den Blöcken. Der Kniefall Willy Brandts 1970 in Warschau schien das Symbol für ein friedlicheres Jahrzehnt zu werden. Im Jahr darauf erhielt Brandt als vierter Deutscher den Friedensnobelpreis. Obgleich der aggressiven „Breschnew-Doktrin" signalisierte der Osten Verhandlungsbereitschaft. Der Grundlagenvertrag zwischen den beiden deutschen Staaten, die Verständigung mit Polen, die Aufnahme beider deutscher Staaten in die UNO, die Schlussakte von Helsinki; Olympische Spiele in München, zweistellige Lohnerhöhungen, gleiche Bildungschancen für alle – vieles klang hoffnungsvoll, auch wenn Inflation, Ölkrise und damit verbundenes Fahrverbot, die Attentate auf Jürgen Ponto und Siegfried Buback sowie der „Jom Kippur Krieg" für Aufregung sorgten.
Zunächst schien der russische Bär gezähmt. Doch schließlich beendete der von Breschnew befohlene Einmarsch in Afghanistan an Weihnachten 1979 die kurze Zeit der Entspannungspolitik.

Man modernisierte die Waffenarsenale. Nachdem der NATO Doppelbeschluss die Sowjets zu keiner Verhandlungslösung bewegen konnte, wurden auch in Deutschland Pershing II Raketen stationiert. Am 22. Oktober 1983 erlebte das Land Großdemonstrationen mit ca. 1,3 Millionen Menschen; in Brüssel und Den Haag bildeten sich Menschenketten. Mit den Grünen zog im selben Jahr erstmals eine Partei in den Bundestag ein, die Frauenparität zum Prinzip erhob und die programmatisch den Pazifismus vertrat.

Als im Jahre 1985 der spätere Friedensnobelpreisträger des Jahres 1990, Michael Gorbatschow, Generalsekretär der KPdSU wurde, zeichnete sich ein politischer Klimawandel ab. Der im Dezember 1987 unterzeichnete INF-Vertrag (Intermediate Range Nuclear Forces = nukleare Mittelstreckensysteme) zur Abrüstung der Mittelstreckenraketen war der erste reale Abrüstungsvertrag seit 1945.

In der Rückschau hatten zu dieser Konstellation auch die päpstliche Politik eines Karol Wojtyla und der Friedensnobelpreis eines Lech Walesa beigetragen.

Die Welt rückte scheinbar näher zusammen und dies wurde uns allen am 26. April 1986 schlagartig vor Augen geführt. Der Super-GAU von Tschernobyl machte alle gleich betroffen.

Und Deutschland? 1989 begangen beide deutsche Staaten ihre Jubiläen zu 40 Jahren Staatlichkeit! Die DDR mit sehr viel Pomp und im „Stechschritt". Das Volk skandierte dabei nicht „Honecker", sondern „Gorbi!" und „Wer zu spät kommt, den bestraft das Leben!". Mit dem 9. November 1989 verschwanden fast über Nacht die Absurditäten von Mauer, Stacheldraht und Schießbefehl.

Der Zwei-plus-Vier-Vertrag (offiziell „Vertrag über die abschließende Regelung in Bezug auf das gesamte Deutschland")

Das Jahr 1990 wurde zumindest für uns zum Jahr der Deutschen – alles mit atemberaubender Rasanz. Im Jahre 2001 wird man sich erzählen, Helmut Kohl habe Francois Mitterand überzeugt, indem er die D-Mark gegen den Euro tauschte. Die Briten werden von George Bush überzeugt, Gorbatschow am Schwarzen Meer, friedliche Massendemos, erste freie Wahlen der Volkskammer, Währungsunion, der 3. Oktober 1990 und „Wir sind ein Volk!". Der „Vertrag über die abschließende Regelung in Bezug auf das gesamte Deutschland" tritt am 15. März 1991 in

Kraft. Deutschland ist souverän, die Sowjetunion zerfällt und der Warschauer Pakt löst sich auf; schließlich ist das Zeitalter des Kalten Krieges vorbei. Der Preis? Endgültiger Verzicht auf die deutschen Ostgebiete und eine freiwillige Reduzierung der Stärke unserer Bundeswehr. Damit beginnt für die Bundeswehr ein Prozess, dessen Dynamik bis heute nicht gestoppt werden konnte.

Von der Bonner Republik zur Berliner Republik

In der Zeit des kalten Krieges hatte die Truppe die Landesverteidigung als Hauptauftrag begriffen und war an die Formel „Kämpfen können, um nicht kämpfen zu müssen" gewöhnt.

Für mich persönlich war die Entscheidung, Soldat zu werden, mit der Maxime „Frieden in Freiheit" verknüpft. Dies war auch im Einklang mit meinem Soldateneid geschehen und ich konnte 1990 sagen, dass auch mein persönliches Wirken erfolgreich gewesen war. „Auftrag ausgeführt!"?

In der Folge wurden nun durch schlichte Neubewertungen von Grundgesetz und Eidesformel bisherige Vorstellungen von Verteidigung, Pflichterfüllung und Gehorsam verändert, wie es die mittlerweile geflügelte Redewendung von der „Verteidigung Deutschlands am Hindukusch" durch den damaligen Verteidigungsministers Peter Struck anschaulich verdeutlichte.

Doch zunächst war scheinbar „der ewige Frieden" angebrochen. Ich stellte mir, wie viele Soldaten – und nicht nur der ehemaligen NVA – die Sinnfrage. Beim NATO-Gipfeltreffen im November 1991 trennte sich die NATO von ihrer alten Doktrin. Das neue strategische Konzept setzte auf Dialog, Kooperation und Erhaltung der Verteidigungsfähigkeit. Auf der LSO (Leitender Sanitätsoffizier)-Tagung im Dezember 1990 sprach der damalige Inspekteur des Sanitäts- und Gesundheitswesens der Bundeswehr, Generaloberstabsarzt Dr. Desch, davon, dass die veränderte Bedrohungslage eine stärkere Gewichtung der schnellen Einsatzfähigkeit in der nationalen und internationalen Katastrophenhilfe zur Folge haben werde und das Moment der verstärkten internationalen Beteiligung am Stichwort UN-Einsatz deutlich werde. Fünf Jahre später sprach er bei einer Kommandoübergabe in München am 13. September 1995 von dem neuen Auftrag der Bundeswehr, nämlich dem internationalen Frieden im Rahmen der Charta der UN zu dienen. Zuvor war im Dezember 1994 der erste Lehrgang „Einsatzmedizin" (früher: „Kriegschirurgie") an der Sanitätsakademie der Bundeswehr (SanAkBw) durchgeführt worden. Das Stichwort war gefallen![4]

Die weltpolitische Lage und der KSE-Vertrag machten signifikante Streitkräftere-duzierungen möglich. Deutschland war nur noch „von Freunden umzingelt"! „Das Ende der Geschichte" – wie ein umstrittener Buchtitel des Jahres 1992 lautete? Eine Tendenz zur Pazifizierung wurde sichtbar und im Zuge des Zweiten Golfkrieges verbrannten im Frühjahr 1991 deutsche Reservisten öffentlich ihre Wehrpässe. Der Sicherheitsrat der UN und die UN-Vollversammlung hatten zuvor die Annexion Kuwaits durch den irakischen Diktator Hussein verurteilt. Eine internationale Koalition unter dem amerikanischen General Norman Schwarzkopf Jr. war beauftragt worden, den Status Quo wiederherzustellen. In Deutschland stand man vor einem sicherheitspolitischen Dilemma. Zwar wünschte man sich einen ständigen Sitz im UN-Sicherheitsrat, andererseits konnte man der deutschen Öffentlichkeit eine Beteiligung der Bundeswehr in einem Kampf mit dem irakischen Diktator nicht vermitteln. Vermutlich wäre jede deutsche Regierung damals daran gescheitert.

Die UN war mit einer deutschen „Scheckkartendiplomatie" einverstanden. Aber bald wurde klar, dass sich die neue „Berliner Republik" sicherheitspolitisch auf andere Parameter einzustellen hatte.

Nach einem ersten Einsatz eines Minenräumverbandes im Persischen Golf 1991 richtete die UN ihren Fokus auf das durch jahrzehntelange Kriege geschundene Kambodscha. Diesmal blieb auch Deutschland nicht außen vor. Man engagierte sich mit Angehörigen des Sanitätsdienstes, der im letzten Kontingent 1993 mit Feldwebel Alexander Arndt den ersten Tod eines deutschen Bundeswehrsoldaten im „Einsatz" zu beklagen hatte. Auch in Somalia waren deutsche Soldaten nun mit dabei und Opposition sowie die Regierungspartei FDP ließen das Bundesverfassungsgericht über die Rechtmäßigkeit der Einsätze urteilen. Die „out of area"-Debatte hatte begonnen.

Als 1994 das Bundesverfassungsgericht die Zulässigkeit der Einsätze nach Maßgabe des Artikels 24(2) des Grundgesetzes geklärt hatte und das Urteil den Parlamentsvorbehalt implizierte, begann man von einer „Parlamentsarmee" zu sprechen. „Out of area"-Einsätze sind fürderhin im Rahmen unserer internationalen Verpflichtungen (NATO, UN, EU und KSZE) und im Einklang unseres Grundgesetzes möglich. Zehn Jahre später gab sich der Bundestag ein „Entsendegesetz" und machte die Bundeswehr de facto und de jure zu einer einzigartigen „Parlamentsarmee".

Vorangegangen war die erste bewaffnete militärische Auseinandersetzung der Bundeswehr im Kosovo 1999. Zusammen mit unseren NATO-Verbündeten wurden die Streitkräfte Serbiens militärisch gezwungen, das Kosovo zu verlassen, um Völkermord und sogenannte „ethnische Säuberungen" am Ende des blutigen 20. Jahrhunderts zumindest aus Europa zu verbannen. In der Folge kamen auch deutsche Kampfpanzer wieder auf den Balkan und es beschleunigten sich die Veränderungen der Rahmenbedingungen für unsere Bundeswehr.

Bereits am 23. Mai 2000 mahnte der Bericht der Weizsäcker-Kommission:

„Die Bundeswehr ist [...] nicht im Gleichgewicht. Sie ist zu groß, falsch zusammengesetzt und zunehmend unmodern. In ihrer heutigen Struktur hat die Bundeswehr keine Zukunft."[5]

Umgehend wurde im Oktober 2000 die „Streitkräftebasis" als eigener Organisationsbereich aufgestellt. Ebenso wurde der Zentrale Sanitätsdienst der Bundeswehr in einen eigenen militärischen Organisationsbereich überführt.

Und dann der 11. September 2001! Unglaubliche Bilder liefen über die Fernsehbildschirme. Die USA wurden erstmals in ihrem eigenen Land angegriffen und das nie Vorstellbare geschah: Der Artikel V des NATO Vertrages – der Bündnisfall – wurde nicht durch die Europäer, sondern durch die USA eingefordert. Die Gegner wurden zunächst in Afghanistan verortet und die deutsche Regierung entsandte Soldaten, nachdem Bundeskanzler Gerhard Schröder vorher seine uneingeschränkte Solidarität mit den USA erklärt hatte. Es wurde der größte Militäreinsatz seit dem Zweiten Weltkrieg, für den sich der Kanzler am 15. November 2001 die parlamentarische Rückendeckung holte, als er den Afghanistaneinsatz mit der Vertrauensfrage verknüpfte, um kritische Stimmen zum Schweigen zu bringen.

Seitdem wird unsere Sicherheit „am Hindukusch verteidigt" und „Asymmetrische Kriegführung" ist zum Schlagwort geworden.

Und wie dachten die Deutschen darüber? Wie in den Jahrzehnten zuvor blieb auch das neue Weißbuch im Herbst 2006 eher eine Marginalie der Politik, obwohl erstmals klar über nationale Interessen wie Rohstoffsicherung und damit korrespondierend über weltweite Transportsicherung gesprochen wurde.[6] Zeitgleich mit der Vorstellung des Weißbuches fand damals die „Schädel-Affäre" in Afghanistan in den Medien weit mehr Beachtung. Dem ehemaligen Bundespräsidenten Horst Köhler wurden schließlich sogar Zitate aus dem Weißbuch zum medialen Verhängnis. „Akzeptanz der Bundeswehr ja – doch ohne mich!" hieß es in der öffentlichen Meinung. Horst Köhler sprach diesbezüglich vom „freundlichen Desinteresse" der Bürger. Der Politologe Helfried Münkler[7] sprach von einer „Postheroischen Gesellschaft", die ihre Söhne nicht mehr in internationale Konflikte schicken wolle. Als nichtinternationaler bewaffneter Konflikt wird jetzt der Afghanistaneinsatz unter Vermeidung des Kriegsbegriffes umschrieben. In der Bevölkerung ist der Einsatz dort eher unbeliebt. Folgerichtig wird heute über die Aussetzung der Allgemeinen Wehrpflicht debattiert.[8]

Dennoch konnten die Streitkräfte immer wieder „Punkten", wie zum Beispiel beim Hochwassereinsatz an der Elbe 2002, bei der schnellen Hilfe nach dem Tsunami in Thailand vom Dezember 2004 oder beim Kampf gegen die wiederaufflammende Piraterie mit der einhergehenden Notwendigkeit der Sicherung der See- und Handelswege.

Mit der Bundeswehrreform „von Grund auf" und ohne den Allgemeinen Grundwehrdienst hat sich 2011 das Gesicht der Bundeswehr geändert. Es bleibt zu hoffen, dass die Bundeswehr auch dauerhaft ein integraler Bestandteil nicht nur unserer Sicherheitspolitik, sondern auch unserer Gesellschaft bleiben wird.

Noch im November 2010 beschloss die NATO auf der Tagung des Nordatlantikrates in Lissabon eine neue Doktrin. Angesichts der nuklearen Bedrohung durch Staaten wie Iran und Nordkorea schrieb sich die Allianz die nukleare Teilhabe mit Atomwaffen – auch in Deutschland – ebenso wieder ins Stammbuch, wie eine verbesserte Luftabwehr (besonders gegen Raketen).[9]

Der Frieden in Freiheit ist heute nicht mehr an Deutschlands Grenzen gebunden. Das impliziert auch die gemeinsame und geteilte Verantwortung mit unseren gottlob vielen Verbündeten. In Europa, und in der Welt!

Literaturverzeichnis

ABENHEIM (1989): Donald Abenheim, Bundeswehr und Tradition. Die Suche nach dem gültigen Erbe des deutschen Soldaten, München 1989

BUNDESMINISTERIUM DER VERTEIDIGUNG (2006): Bundesministerium der Verteidigung (Hrsg.), Weißbuch zur Sicherheitspolitik Deutschlands und zur Zukunft der Bundeswehr, Berlin 2006

CHRONIK DER SANITÄTSAKADEMIE DER BUNDESWEHR (2010): Chronik Sanitätsakademie der Bundeswehr (Hrsg.), München 2010

EHLERT (1993): Hans Ehlert, Innenpolitische Auseinandersetzungen um die Pariser Verträge und die Wehrverfassung 1954 bis 1956, in: Militärgeschichtliches Forschungsamt (Hrsg.), Anfänge westdeutscher Sicherheitspolitik 1945-1956, Band 3: Die NATO-Option, München 1993, S. 235-560

HEINEMANN (2007): Winfried Heinemann, 9. (Preußisches) Infanterie-Regiment, Militärgeschichte 4/2007, S. 31

KOMMISSION GEMEINSAME SICHERHEIT UND ZUKUNFT DER BUNDESWEHR (2000): Kommission Gemeinsame Sicherheit und Zukunft der Bundeswehr (Hrsg.), Bericht der Kommission Gemeinsame Sicherheit und Zukunft der Bundeswehr an die Bundesregierung, 23. Mai 2000, Berlin 2000

MÜNKLER (2002): Herfried Münkler, Die neuen Kriege, Reinbek 2002

NATO-GIPFEL IN WALES 2014, WALES SUMMIT, Übersetzung der Gipfelerklärung, <www.nato.diplo.de/vertretung/nato/de/06/Gipfelerklaerungen/wales-gipfel-2014.html> [15.05.2015]

SCHMIDT (1961): Helmut Schmidt, Ein Deutscher Beitrag zum strategischen Problem der NATO, Stuttgart 1961

Adresse des Verfassers

Oberstleutnant Dipl.-Kfm. Rufin Mellentin

Offizierschule der Luftwaffe

Fliegerhorst Fürstenfeldbruck

Straße der Luftwaffe 209

D-82242 Fürstenfeldbruck

rufinmellentin@bundeswehr.org

Anmerkungen

[1] Vortrag, gehalten im Rahmen des 3. Wehrmedizinhistorischen Symposiums, veranstaltet von der Gesellschaft für Geschichte der Wehrmedizin e.V. in Verbindung mit der Sanitätsakademie der Bundeswehr am 10.11.2010 in München. – Der Vortragstext wurde in aktualisierter Form im Wesentlichen beibehalten.

[2] ABENHEIM (1989), S. 81; Ehlert (1993), S. 247f.

[3] SCHMIDT (1961), S. 8.

[4] CRONIK DER SANITÄTSAKADEMIE DER BUNDESWEHR (2010), S. 266.

[5] KOMMISSION GEMEINSAME SICHERHEIT UND ZUKUNFT DER BUNDESWEHR (2000), S. 13.

[6] BUNDESMINISTERIUM DER VERTEIDIGUNG (2006), S. 26f.

[7] MÜNKLER (2002), S. 198ff.

[8] Wenige Monate nach dem Vortrag setzte der Deutsche Bundestag zum 01.07.2011 die Wehrpflicht aus.

[9] Die Weiterentwicklung zur Abwehr Ballistischer Raketen hat aktuell der NATO-Gipfel in Wales 2014 unverändert deutlich gemacht: NATO-GIPFEL IN WALES 2014, S. 18ff.

Die Einsatzbedingungen des Sanitätsdienstes der Bundeswehr in der Epoche des Ost-West-Konfliktes bis zum Beginn der 1990er Jahre

OPERATIONS OF THE BUNDESWEHR MEDICAL SERVICE DURING THE EAST-WEST CONFLICT UP TO THE EARLY 1990S

von Peter K. Fraps[1]

Zusammenfassung:

Der vorliegende Beitrag gibt einen Überblick über die internationalen Einsätze des Sanitätsdienstes der Bundeswehr vom ersten Einsatz im Rahmen der Erdbebenhilfe in Marokko 1960 bis zur Teilnahme an der Friedensmission UNTAC in Kambodscha 1992/93.

Die Struktur des Sanitätsdienstes war zunächst auf die bündnisgemeinsame Verteidigung der Bundesrepublik Deutschland ausgerichtet. Nach dem schweren Erdbeben in Agadir (Marokko) nahmen Teile des Sanitätsbataillons 5 Anfang März 1960 erstmals an einer humanitären Hilfsmaßnahme außerhalb des Bundesgebietes teil. Mitte der 1960er Jahre wurde erstmals eine deutsche Sanitätskompanie zur ständigen Betreuung der Einheiten der Allied Mobile Forces (Land) bei Übungen und Einsätzen festgelegt. Diese Sanitätskompanie wurde in der Folge überwiegend auch bei humanitären Hilfseinsätzen (z. B. Erdbebenhilfe Türkei 1976, Erdbebenhilfe Süditalien 1980/81, Erdbebenhilfe Iran 1990 und Kurdenhilfe Iran 1991) eingesetzt. Mit den Jahren wurde die materielle Ausrüstung immer mehr den Einsatz- und Klimabedingungen angepasst.

Der Einsatz in Kambodscha stellt einen Wendepunkt dar. Zum ersten Mal betrieb der Sanitätsdienst der Bundeswehr im Rahmen eines Kontingenteinsatzes über einen Zeitraum von 1 ½ Jahren ein Feldlazarett außerhalb des Bundesgebietes.

Seit diesem Einsatz gilt der Sanitätsdienst der Bundeswehr als „Keyplayer" im Rahmen von internationalen friedenerhaltenden oder auch friedenschaffenden Einsätzen.

Schlüsselwörter:

Sanitätsdienst der Bundeswehr, Erdbebenhilfe, Kurdenhilfe, UNTAC, Humanitärer Einsatz, AMF(L), Unterstützungsgruppe Baktharan, Kambodscha

Summary:

This article provides an overview of the international operations of the Bundeswehr Medical Service from its first deployment as part of the Morocco earthquake relief effort in 1960 to its participation in the UNTAC peace mission in Cambodia in 1992/93.

The structure of the Medical Service was initially based on Allied defence of the Federal Republic of Germany. Following the major earthquake in Agadir (Morocco), parts of Medical Battalion 5 took part at the beginning of March 1960 in the first humanitarian relief mission outside West German territory. In the mid-1960s, a West German medical company was for the first time given the task of providing continuous assistance to units of the Allied Mobile Forces (Land) during exercises and operations. This medical company was later primarily employed in humanitarian assistance missions, e.g. earthquake relief efforts in Turkey (1976), southern Italy (1980–81) and Iran (1990), and assistance to Kurdish refugees in Iran (1991). Over the years, the equipment used has been increasingly adapted to operational and climate conditions.

The operation in Cambodia marked a turning point. For the first time, the Bundeswehr Medical Service operated a field hospital as part of a military operation outside the Federal Republic of Germany over a period of one and a half years.

Since this operation, the Bundeswehr Medical Service has been regarded as a key player in international peacekeeping and peacemaking missions.

Keywords:

Bundeswehr Medical Service, earthquake relief, assistance to Kurdish refugees, UNTAC, humanitarian mission, AMF(L), Bakhtaran Support Group, Cambodia

Vorbemerkungen

Auf die Frage, ob es unveränderliche Grundsätze im Sanitätsdienst gebe, die über ein halbes Jahrhundert und länger gültig blieben, antwortete Generaloberstabsarzt a. D. Prof. Dr. Rebentisch 2006 in einem Interview zum 50-jährigen Jubiläum des Sanitätsdienstes der Bundeswehr meines Erachtens sehr treffend, indem er sagte:

„Der Sanitätsdienst ist stets ein Kind seiner Zeit."

Wenn ich die Zeit 1960, mit dem ersten humanitären Einsatz eines Kontingentes des gerade einmal drei Jahre existierenden Sanitätsdienstes der Bundeswehr beginnend, bis zum Ende des ersten Einsatzes deutscher Sanitätssoldaten im Rahmen einer United Nations Peacekeeping Operation am 12. November 1993 betrachte, dann werde ich mich aus verständlichen Gründen vor allem, aber nicht ausschließlich, auf die drei Einsätze konzentrieren, die ich in diesem Zeitraum selbst geführt habe.

Es handelt sich um den Erdbebeneinsatz in Süditalien 1980 bis 1981, die sogenannte Kurdenhilfe im Iran 1991 und UNTAC (United Nations Transitional Authority in Cambodia = Übergangsverwaltung der Vereinten Nationen in Kambodscha) in Kambodscha 1992 bis 1993.

Oberfeldarzt Prof. Dr. Vollmuth hat in seinem Vortrag bereits ausführlich über Entstehung und Entwicklung des Sanitätsdienstes der Bundeswehr gesprochen.

Dennoch will und muss auch ich in meinen Ausführungen den Entwicklungsprozess und das Heranreifen des „Kindes Sanitätsdienst", um die Rebentisch'sche Diktion noch einmal aufzugreifen, im Verlauf von etwas mehr als drei Jahrzehnten, wovon exakt dreißig Jahre von den politischen und militärischen Rahmenbedingungen des „Kalten Krieges" geprägt waren, punktuell erwähnen und teilweise auch kommentieren. Auf diese Weise wird es mir hoffentlich in der mir zur Verfügung stehenden relativ kurzen Zeit gelingen, aus eigenem Erleben und authentisch die während der Epoche des Ost-West-Konfliktes herrschenden Einsatzbedingungen zu schildern. Ich erhebe dabei keinen Anspruch auf Vollständigkeit.

Zum besseren Verständnis meiner Aussagen will ich einige wesentliche Eckdaten meiner eigenen militärischen Vita voranstellen. Es sind dies Jahreszahlen und/oder Verwendungen, die meinen persönlichen Bezug zum und meine persönlichen „Koordinaten" im Sanitätsdienst der Bundeswehr unter den während des „Kalten Krieges" herrschenden politischen und militärischen Rahmenbedingungen beleuchten oder verdeutlichen sollen.

Am 1. Oktober 1965 wurde ich direkt nach dem Abitur als Wehrpflichtiger für 18 Monate (W 18) zur Ableistung meines Grundwehrdienstes zu den Gebirgsjägern nach Mittenwald eingezogen, zunächst als Fernmelder, später als Reserveoffizieranwärter (ROA) in der Sanitätstruppe. In diese Zeit fallen die damals üblichen „Horrorerlebnisse" mit meist kriegsgedienten Truppenärzten älteren Semesters und mit oftmals sehr unwilligem „Schmalspur-Sanitätspersonal" in den jeweiligen kahlen, unfreundlich gestalteten und sehr primitiv ausgestatteten Sanitätsbereichen. Es war dies auch die Zeit, in der man lernte, dass der Feind „natürlich und wie immer" aus dem Osten kommt und man sich darauf mit sogenannten „NATO (North Atlantic Treaty Organization = Organisation des Nordatlantikvertrages)-Alarmen" mit all den damit verbundenen Prozeduren, wie Packen seines Marschgepäckes, Anziehen eines Juckreiz hervorrufenden, brettsteifen Kampfanzuges und Einlagerung seiner persönlichen Klamotten im sogenannten „Kofferraum", vorbereiten müsse. Der Spuk begann im Allgemeinen mit viel Lärm und Terror mitten in der Nacht und endete nach ein paar Kasernenrunden verschlafenen Marsches im Bett. In Ausnahmefällen verließ man das Kasernengelände und begab sich in den sogenannten „Verfügungsraum". In den Morgenstunden ging es dann entweder mit einem mehr oder weniger fröhlichen Lied auf den Lippen oder mit der ABC-Schutzmaske über dem Gesicht zurück an den Standort. Dank des verlässlichen Radiosenders „Freies Europa" traf uns der Alarm zum Ärgernis unserer Ausbilder und Vorgesetzten selten unvorbereitet. Im Normalfall lagen wir bereits im Kampfanzug in unseren Stockbetten.

Was sich wie eine Komödie anhört, war die subjektive Wahrnehmung des damaligen Sanitätsdienstes und der Konsequenzen des „Kalten Krieges" eines jungen Soldaten im Zeitraum 1965 bis 1967. Die Wahrnehmung eines jungen Soldaten, der damals noch nicht wusste, dass er 1978 bis 1981 Chef der „AMF (L)" (Allied Command Europe Mobile Force (Land) = multinationaler mobiler Heereseingreifverband der NATO) – Sanitätskompanie (SanKp) und damit Chef der zur damaligen Zeit einzigen Einsatzkompanie des Sanitätsdienstes der Deutschen Bundeswehr sein würde. Einzelheiten dazu später. Und es war auch die Wahrnehmung eines jungen Soldaten, der damals noch nicht wusste, dass er 1981 bis 1983 stellvertretender Regimentskommandeur des Sanitätsregimentes (SanRgt) 76 sein würde: Zuständig für die Dienstaufsicht bei rund 30 in Bayern als sogenannte Geräteeinheiten eingelagerten Lazaretten der gigantischen Reservelazarettorganisation, zuständig für die Einplanung und Ausbildung von Mobilmachungspersonal gewaltigen Umfanges, zuständig für das Auswählen und für die Ausplanung von geeigneten zivilen Mobilmachungsobjekten, für die planerische und manchmal auch praktische Bereitstellung zivilen Transportraumes, für die Planung und Durchführung aufwendiger Mobilmachungsübungen und alle zwei Jahre für die Übernahme der Führungsrolle im Sanitätsdienst des Territorialheeres im Wehrbereich VI im Rahmen der WINTEX/CIMEX-Übungen (im Zweijahresturnus stattfindende Winterübung der NATO), die damals sozusagen „westdeutschlandweit" stattfanden und offensichtlich dem Osten gegenüber unsere Mobilmachungsfähigkeit glaubhaft demonstrieren sollten.

Natürlich wusste ich damals auch noch nicht, dass ich als Divisionsarzt in drei Divisionen und als Korpsarzt des II. Korps in Ulm Fachvorgesetzter zahlreicher Sanitätsbataillone werden würde. Sanitätsbataillone mit Unmengen von Sanitätskompanien, deren Masse des Gerätes und der Ausstattung in erster Linie gelagert, gepflegt und gewartet wurde, und deren ärztliches Personal ausschließlich für die Mobilmachung oder für sporadisch durchgeführte Übungen eingeplant war.

Als Korpsarzt des II. Korps war ich dann schließlich 1992 bis 1993 achtzehn Monate als Chief Medical Officer der Vereinten Nationen und gleichzeitig als Leiter des deutschen Sanitätskontingentes bei der Friedensmission UNTAC in Kambodscha im Einsatz. Damit werde ich den Bogen bewusst ein bisschen über das eigentliche Ende des Ost-West-Konfliktes hinaus spannen, weil sich meines Erachtens nach dieser ersten Blauhelm-Mission deutschen Sanitätspersonals ganz entscheidend und nachhaltig die Einsatzbedingungen für den Sanitätsdienst der Bundeswehr geändert haben. Dieser Einsatz stellt meines Erachtens die Geburtsstunde des im Jahre 2001 realisierten Gedankens einer Zentralisierung und Zusammenfassung aller sanitätsdienstlichen Ressourcen zur effektiven und professionellen Bewältigung von zukünftigen Aufgaben und Aufträgen neuer Dimensionen dar.

Dies beendet zunächst die von persönlichen Daten und Eindrücken begleitete orientierende Einführung in die Zeit des Ost-West-Konfliktes in den Jahren 1965 bis zum Beginn der 1990er Jahre.

Ausgangslage des Sanitätsdienstes

Ich will nun versuchen, Ihnen die Einsatzbedingungen und die Ausgangslage des Sanitätsdienstes der Bundeswehr nach seiner 1956 erfolgten Etablierung als Truppengattung in den am 12. November 1955 gegründeten Streitkräften der Bundesrepublik Deutschland vor dem Hintergrund des Ost-West-Konfliktes zu schildern. Die Bedingungen, unter denen die derzeitigen weltweiten Einsätze des Sanitätsdienstes stattfinden, lassen verständlicher Weise manchmal vergessen, unter welch schwierigen Rahmenbedingungen der Sanitätsdienst, 1960 beginnend, für mehr als drei Jahrzehnte im Dienste der Menschlichkeit eine Tradition humanitärer Unterstützungsmaßnahmen begründet und den Weg in die Zukunft bereitet hat. Inzwischen blicken wir mit Stolz auf 50 Jahre zurück – ein halbes Jahrhundert in welchem der Sanitätsdienst der Bundeswehr sich im In- und Ausland engagiert hat und vor allem im internationalen Bereich eine entscheidende Rolle als Wegbereiter für sonstiges militärisches Engagement deutscher Streitkräfte und als anerkannter Botschafter unseres Landes erfolgreich übernommen hat. Aus dem einstigen „Mauerblümchen" ist längst ein international anerkannter „Keyplayer" geworden, dessen Bedeutung für das aktuelle und zukünftige sicherheitspolitische Engagement der Bundeswehr meines Erachtens sowohl von Politikern als auch von der militärischen Führung inzwischen richtig gesehen und entsprechend eingeschätzt wird.

Seit Gründung der Bundesrepublik Deutschland bis Ende der 1980er Jahre war die Sicherheitslage geprägt durch den Ost-West-Konflikt, der seinen Ausdruck in der Konzentration militärischer Kräfte beider Bündnisse an der innerdeutschen Grenze fand. Vor dem Hintergrund der jeweiligen NATO-Doktrin und entsprechender Verteidigungsplanungen waren alle Vorbereitungen der Bundeswehr seit ihrer Aufstellung im Jahre 1955 auf die bündnisgemeinsame Verteidigung der Bundesrepublik Deutschland gegen einen Angriff des Warschauer Paktes ausgerichtet, woraus sich zwangsläufig ergab, dass das konventionelle, aber auch das nukleare Kampfgeschehen mit Schwerpunkt auf heimatlichem Boden mit allen daraus resultierenden Konsequenzen stattgefunden hätte. Eine Katastrophe unvorstellbaren Ausmaßes hätte unser Land getroffen.

Für den Sanitätsdienst der Bundeswehr galt es, die medizinische Versorgung von bis zu 1,34 Millionen Soldaten mit den zur Verfügung stehenden, für ein solches Szenario absolut unzureichenden Kräften und Mitteln zu organisieren und gegebenenfalls zu realisieren.

Zur Verdeutlichung der Aufstellungsstand, welcher Ende 1959 unter Federführung des am 10. Oktober 1956 in Dienst gestellten Wehrmedizinalamtes – dem Vorläufer des Sanitätsamtes – erreicht war:

- 8 Bundeswehrlazarette mit 1.433 Lazarettbetten,
- 8 zugehörige Bundeswehrapotheken,
- 291 Sanitätsbereiche,

- 54 Zahnstationen,
- 6 Röntgenschirmbildtrupps,
- 638 Ärzte,
- 78 Zahnärzte,
- 68 Apotheker,
- 9 Veterinäre und
- 1.100 Unteroffiziere und Mannschaften.

Im Ergebnis heißt das, dass zum damaligen Zeitpunkt für eine Gesamtstärke von 221.000 Bundeswehrsoldaten insgesamt 1.893 Soldaten zur sanitätsdienstlichen Realversorgung zur Verfügung standen.

Die geringe Ost-West-Tiefe der Bundesrepublik Deutschland und die hohe Bevölkerungsdichte erforderten Planungen und Vorbereitungen zur grenznahen Vorneverteidigung. Um bei einem überraschenden Angriff aus dem Osten schnell reagieren zu können, wurde folgerichtig der Schwerpunkt auf Kampf- und Kampfunterstützungstruppen, gegliedert in präsente Brigaden, Divisionen und Korps gelegt. Die präsenten Anteile des in diese Gliederung integrierten Sanitätsdienstes waren in erster Linie der Truppensanitätsdienst und mit deutlicher personeller Einschränkung in Friedenszeiten die Einheiten und Verbände der sogenannten Sanitätstruppe, die im Verteidigungsfall zur sanitätsdienstlichen Versorgung auf Brigadeebene vorgesehen waren.

Der Einsatzauftrag dieser im Prinzip mobilen Einrichtungen war die erste medizinische und chirurgische Versorgung mit den Zielen Lebensrettung und Herstellung der Transportfähigkeit der Verwundeten, um diese dann in die ortsfesten (aber verlegefähigen) Einrichtungen der nächsten Ebenen weiterleiten zu können. Die Präsenz des Sanitätsdienstes wurde auf Divisions- und Korpsebene zunehmend geringer. Die abschließende Behandlung von Verwundeten sollte in Bundeswehrkrankenhäusern und Reservelazarettgruppen stattfinden. Die Bundeswehrkrankenhäuser waren hierbei die einzigen präsenten klinischen Einrichtungen, die auch schon am Anfang einer kriegerischen Auseinandersetzung weiterführende Behandlung hätten übernehmen können. Sie wären dann durch bis zu 174 Reservelazarettgruppen mit jeweils 1.000 Betten, die in Kasernen, ziviler Infrastruktur, Schulen und Sanatorien untergebracht worden wären, im westlichen Teil unseres Landes und im benachbarten verbündeten Ausland unterstützt worden.

Der Sanitätsdienst damaliger Prägung war also bereits auf der Ebene der Divisionen und Korps, insbesondere aber in seiner Lazarettorganisation, auf umfangreiche Mobilmachungsmaßnahmen – ich hatte dies eingangs bereits erwähnt – angewiesen, um seine volle Leistungsfähigkeit herzustellen.

Agadir 1960

Umso erstaunlicher mutet es daher an, dass bereits 1960 – damals von den Medien weitgehend unbeachtet – der Startschuss für eine lange und erfolgreiche Tradition von Hilfsmaßnahmen der Bundeswehr im Auftrag der Bundesregierung und im Dienste der Menschlichkeit fiel. Unterstützt durch Luftwaffe und Heer verlegten unter Führung des damaligen Oberfeldarztes und Kommandeurs des Sanitätsbataillon (SanBtl) 5 Dr. Merkle Anfang März für einen Zeitraum von etwas mehr als einen Monat insgesamt sieben Sanitätsoffiziere und 110 Sanitätsunteroffiziere und Mannschaftsdienstgrade nach einem schweren Erdbeben nach Agadir an die Westküste Marokkos, um dort einen Hauptverbandplatz (HVPl) aufzubauen und zu betreiben. Die Masse des Personals kam aus dem SanBtl 5 in Koblenz, fünf Ärzte (davon zwei Chirurgen) wurden hinzukommandiert, der Korpsapotheker des III. Korps komplettierte das Kontingent. Die Alarmierung fand übrigens am 1. März 1960 (Karnevalsdienstag im Rheinland!) um 20:10 Uhr statt und am nächsten Tag um 10:00 Uhr vormittags stand der verstärkte HVPl am Flugplatz in Köln-Wahn zum Abflug bereit. Bis zum 21. März 1960 wurden etwa 20 schwere und 60 mittelschwere bis leichte Operationen durchgeführt und etwa 1.000 ambulante Patienten versorgt. Um es mit den Worten des inzwischen 83-jährigen Generalapothekers a. D. Heidemanns, dessen authentischen und lebhaften Vortrag ich vor wenigen Tagen hören durfte, auszudrücken:

> „Hervorragendes, persönliches Engagement aller Beteiligten in dem ersten ‚Humanitären Einsatz' der Bundeswehr im Ausland war bei vergleichsweise eingeschränkten Mitteln die Voraussetzung für den Erfolg in Marokko".

2./865 AMF (L)

Ein historisches Ereignis hinsichtlich der weiteren Entwicklung von humanitären Einsätzen der Bundeswehr war die am 1. März 1964 erfolgte Beauftragung der 2. Kompanie des damaligen Sanitätslehrbataillons (SanLehrBtl) 220 (welches auf Befehl des Truppenamtes vom 12. Juni 1957 als Sanitätslehrbataillon zunächst in der Luitpold-Kaserne aufgestellt wurde) in der Münchner Waldmann-Kaserne mit der sanitätsdienstlichen Betreuung von Übungen der AMF (L) – den meisten von Ihnen sicherlich noch als „NATO-Feuerwehr" ein Begriff – zunächst an der Südflanke der NATO in Griechenland und in der Türkei sowie ab Anfang der 1970er Jahre an der Nordflanke in Nordnorwegen und in Dänemark. Die 2. Kompanie erhielt die Zusatzbezeichnung AMF (L) und ihre Angehörigen durften mit Stolz das Verbandsabzeichen der AMF (L) Brigade tragen. Bundeswehrverbandsabzeichen gab es damals noch nicht.

Das SanLehrBtl 220 erfuhr in der Folgezeit am 1. Januar 1973 eine Umbenennung in gemischtes Sanitätslehrbataillon (gemSanLehrBtl) 865 und zog am 24. März 1980 in die Ernst-von-Bergmann-Kaserne um, wo es dem Kommandeur der Akademie des Sanitäts- und Gesundheitswesens im Frieden unterstellt war. Am 1. April 1981 – d. h. einen Tag nachdem ich die 2./865 AMF (L) Sanitätskompanie an meinen Nachfolger, den damaligen Oberstabsarzt Dr. Nakath, übergeben hatte – wurde das Bataillon in SanLehrBtl 851 umbenannt.

Erster Chef der 2./865 AMF (L) SanKp war Oberstabsarzt Dr. Baldermann (30.09.1964), der zusammen mit seinen Nachfolgern, Oberstabsarzt Dr. Ewert (01.04.1970) und Oberstabsarzt Dr. Paul (01.10.1973), auf der Grundlage persönlicher Erfahrungen hinsichtlich der Einrichtung und des Betreibens von zwei HVPl zur Sicherstellung der chirurgischen Erstversorgung sowie der ambulanten und stationären internistischen Betreuung von jeweils rund 5.000 NATO-Soldaten unter extremen klimatischen Lebens- und Arbeitsbedingungen entscheidend zu einer für die damalige Zeit optimalen personellen und materiellen Konfiguration und Ausstattung dieser Einsatzkompanie beigetragen hat.

Neben den zusätzlichen fachlichen Anforderungen, wie Durchführung zahnärztlicher Behandlung, Betreiben eines Feldlabors, Fleischuntersuchung und Tierseuchenabwehr, hatte die Kompanie taktische und logistische Forderungen zu erfüllen, die aus der eigentlich als Sanitätslehrkompanie (SanLehrKp) konzipierten Einheit mit einer Stärke von rund 240 Soldaten (ohne hinzu zu kommandierende, namentlich eingeplante Sanitätsoffiziere) ein autark und mit geringer Vorwarnzeit einsetzbares, hoch mobiles, komplett im Lufttransport verlegbares Sanitätskontingent für spezielle Aufträge machten.

Natürlich gab es zur damaligen Zeit noch keine Container, aber man nutzte bereits formverändertes und optimiertes Zeltmaterial, um Sandstürmen und heißem Klima in Wüstenregionen der Türkei oder Schneestürmen und klirrender Kälte 250 km nördlich des Polarkreises in Nordnorwegen adäquat begegnen zu können. Stromerzeugeraggregate und eine Wasseraufbereitungsanlage mit zuschaltbaren Durchlauferhitzern komplettierten die hervorragende medizinische Geräteausstattung, die davon profitierte, dass die Einheit oftmals auch Prototypen der medizintechnischen Industrie kostenlos zu Testzwecken zur Verfügung gestellt bekam. Das hygienische Feldlabor war in Eigeninitiative in die Kabine eines 1,5 Tonnen Mercedes „Unimog" eingebaut worden und funktionierte ausgezeichnet. Apotheke und Feldküche befanden sich in beheizbaren 5 Tonnen MAN Kastenwagen mit eigens dafür entwickelten Einbauten.

Bis zu Beginn der 1980er Jahre gab es keine offiziellen Grundsatzbefehle und Weisungen oder ein detailliertes Alarmsystem für Katastropheneinsätze im Ausland, da Einsätze der Bundeswehr außerhalb eines Verteidigungsfalles im Bündnis zunächst undenkbar waren. Nachdem der Sanitätsdienst jedoch bereits relativ früh aufgrund bilateraler Abkommen, auf der Grundlage offizieller Hilfeersuchen auf dem diplomatischen Wege und unter Anlegung eines strengen Maßstabes (nur dann, wenn zivile Hilfsorganisationen nicht, nicht rechtzeitig oder nicht im erforderlichen Umfang Hilfe leisten können) zu humanitären Unterstützungsmaßnahmen nach Erdbeben 1960 in Agadir (Marokko), 1976 in der Türkei und 1980 bis 1981 in Süditalien zum Einsatz gekommen war, erließ der Inspekteur des Sanitäts- und Gesundheitswesens unter Federführung des Sanitätsamtes eine detaillierte Weisung für „Hilfeleistungen bei Naturkatastrophen und besonders schweren Unglücksfällen". Diese Weisung basierte auf der Nominierung der 2./851 AMF (L) als „Katastrophen-Einsatzverband", regelte Bereitschaften und das Alarmierungsverfahren, listete namentlich hinzu zu kommandierende Sanitätsoffiziere und Spezialpersonal sowie die logistischen Unterstützungswege.

Da diese nationalen und „sanitätsinternen" Einsatzvorbereitungen aus verständlichen Gründen nicht mit dem Hauptquartier AMF (L) in Mannheim abgesprochen waren, war die „Inmarschsetzung" der AMF (L) SanKp aus München natürlich jedes Mal „ein Tanz auf Messers Schneide", denn schließlich befanden wir uns im Zeitalter des „Kalten Krieges" und der Übungs- oder Friedensauftrag dieser Einheit konnte sich jederzeit in einen realen Auftrag in einem Krisen- oder Spannungsfall verwandeln. Es kam in den knapp 25 Jahren, in denen die 2./851 AMF (L) sozusagen eine Doppelrolle spielte, Gott sei Dank nie zu einer Überschneidung bezüglich der Auftragserfüllung!

Türkei 1976

Eine erste „Feuertaufe" als sanitätsdienstliches Katastrophen-Einsatzkontingent bestand die 2./865 AMF (L) SanKp nach zahlreichen Einsätzen im Rahmen von NATO-Übungen von November bis Dezember 1976 unter Führung von Oberfeldarzt Dr. Paul nach einem schweren Erdbeben im Osten der Türkei. Auf Grund der winterlichen Verhältnisse in dem hochgelegenen Bergland kamen den Soldaten der Kompanie die damals neu beschaffte Zusatzausrüstung für Wintereinsätze in Nordnorwegen und das gut beheizbare Zeltmaterial sehr gelegen.

In unmittelbarer Nähe des Militärkrankenhauses in Van (ca. 2.000 m Höhenlage) wurde aus den beiden HVPl-Zügen ein verstärktes Lazarett zur Behandlung von ambulanten und stationären Erdbebenopfern aufgebaut und mit beweglichen Arzttrupps wurde medizinische Betreuung in abgelegenen Bergdörfern durchgeführt. Der spätere Generalarzt des Heeres, Generalarzt a. D. Dr. Paul, zieht in einem Bericht über die Erdbebenhilfe in der Türkei folgendes Resümee:

„Das Leistungsvermögen unserer Kompanie war auch wegen der Vorgaben der örtlichen türkischen Einsatzleitung zu keiner Zeit voll ausgeschöpft. Bewundernswert waren Einsatzwille und Improvisationsgeschick aller 190 eingesetzten Soldaten, obwohl bei vielen die psychische Belastung vor allem durch den ungewohnten Anblick von Armut, Leiden und schweren Verletzungen sehr groß war."

Süditalien 1980-1981

Fast auf den Tag genau zwei Jahre später erschütterte am 23. November 1980 ein schweres Erdbeben ein Gebiet von ca. 28.000 Quadratkilometern im sogenannten Mezzogiorno Süditaliens mit dem Epizentrum Eboli. Die 2./865 AMF (L) stand unmittelbar nach den entsprechenden Medienberichten in Bereitschaft und traf Vorbereitungen für eine Verlegung in das Katastrophengebiet. Aus unverständlichen Gründen kam das offizielle Hilfeersuchen jedoch erst vier Tage nach dem Erdbeben. Am 27. November gegen 19:00 Uhr erreichte uns der Einsatzbefehl:

„Auf Weisung von Staatssekretär Dr. Hiehle verlegt der erweiterte HVPl-Zug des SanLehrBtl 865 mit befohlenen Einsatzgruppen per Lufttransport in das Erdbebengebiet nach Süditalien. Beladung der C-160 Transall ab 280600Znov80 [28.11.1980, 06:00 Uhr Zulu-Zeit = Weltzeit]. Meldung nach Ankunft in Italien bei deutschem Verteidigungsattache und Kdr PiBtl [Kommandeur Pionierbataillon] 2. Zielflughafen Capodicchino bei Neapel."

Anstelle der erforderlichen 25 Flugzeuge C-160 „Transall" mussten wir uns mit 12 begnügen und die Masse unserer Fahrzeuge und des Materials wurde im Schienentransport verlegt. Zusammen mit uns kamen rund 1.000 Pioniere mit schwerem Räumgerät aus Passau und Brannenburg sowie ein Hubschrauber vom Typ Bell UH-1D der Heeresflieger zum Einsatz. Das heißt es handelte sich erstmals in der Geschichte der Bundeswehr um einen gemeinsamen Auslandseinsatz unterschiedlicher Truppengattungen, wobei deren Führung vor Ort allerdings in jeder Hinsicht beim jeweiligen Kontingentführer verblieb. Der Einsatz dauerte vom 28. November 1980 bis zum 27. Januar 1981 und die Gewährleistung der Durchhaltefähigkeit war bei einer Gesamtstärke des Sanitätskontingentes von 90 Mann kein Problem. Zum Jahreswechsel 1980/81 fand ein partieller Personalaustausch statt. Insgesamt waren 150 Mann im Einsatz, davon 14 aus Bundeswehrkrankenhäusern hinzu kommandierte Sanitätsoffiziere Arzt und – was zur damaligen Zeit durchaus noch üblich und möglich war – 57 Mannschaftsdienstgrade. Das komplett in Zeltmaterial untergebrachte Feldlazarett verfügte anfangs über 200 Betten, die später auf 40 reduziert wurden. Im Durchschnitt wurden täglich 25 bis 50 Patienten in erster Linie ambulant behandelt.

Ich möchte auch dieses Kapitel zum Thema „Einsatzbedingungen des Sanitätsdienstes in der Epoche des Ost-West-Konfliktes" mit einem Zitat beenden, indem ich Ihnen meine Schlussbemerkung in einem ausführlichen Bericht über diesen Einsatz aus dem Jahre 2000 (Heft 1 Wehrmedizin und Wehrpharmazie) vorlese:

„Vieles, was wir heute als ‚Lessons Learned' bezeichnen, wurde umgesetzt und prägt heute den Sanitätsdienst. Mein besonderes Anliegen war es, denen, die dabei waren und ebenso denen, die mehr in der Rolle des außen stehenden Beobachters waren, die Tür zur Erinnerung an eine Epoche unseres Sanitätsdienstes zu öffnen, wo Pioniergeist, persönliche Bescheidenheit und Improvisations-

talent ganz wesentliche Elemente eines erfolgreichen Einsatzes unter außergewöhnlichen Bedingungen waren."

Operationscontainer

Wenngleich man sich im Sanitätsdienst oftmals hinsichtlich der Auswertung von
Erfahrungsberichten etwas schwer getan hat und sich der Trend zur Neuerfindung
des Rades fast wie ein roter Faden durch unsere Entwicklungsgeschichte zieht – der
aus dem Wintereinsatz in Süditalien resultierende Vorschlag, den chirurgischen
Arbeitsbereich aus hygienischen und klimatischen Gründen in Containern unterzu-
bringen, wurde aufgegriffen und zügig umgesetzt. Relativ bald gehörten zwei weiß
gestrichene und mit einem roten Kreuz gekennzeichnete Operationscontainer zur
Standardausstattung der 2./851 AMF (L) SanKp. Einziger Nachteil der ersten zwei
Prototypen war, dass man aus Kostengründen auf dem Markt verfügbare 20 Fuß
ISO Norm Container beschafft und entsprechend umgebaut und aufgerüstet hat,
deren lichte Standhöhe unter der Operationsleuchte lediglich nicht allzu großge-
wachsenen Chirurgen ein gefahrloses und bequemes Arbeiten am Operationstisch
erlaubte.

Iran, Erdbeben 1990

Wir machen nun einen Zeitsprung in das Jahr 1990, in welchem am 21. Juni kurz
nach Mitternacht die iranischen Provinzen Gilan und Zanjan von einem heftigen
Erdbeben erschüttert wurden.

Inzwischen waren umfangreiche organisatorische Voraussetzungen für eine schnel-
le und ausreichende sanitätsdienstliche Hilfeleistung bei zivilen Katastrophen im
Frieden durch das Bundesministerium der Verteidigung geschaffen worden. Unter
Federführung der Inspektion des Sanitäts- und Gesundheitswesens waren detaillierte organisatorische, personelle und materielle Vorkehrungen getroffen worden.
Hierzu gehörte unter anderem die Bereitstellung von sogenannten ärztlichen Einsatzgruppen Chirurgie, Schockbekämpfung/Reanimation/Anästhesie sowie Innere
Medizin an den Bundeswehrkrankenhäusern Koblenz, Ulm und Hamburg, unter-
stützt durch die Bundeswehrkrankenhäuser Kiel, Gießen und München. Für die Hil-

feleistung bei Großkatastrophen hielt sich nach wie vor vorrangig die 2./851 AMF (L) in München bereit.

Neu eingeführt hatte man zwischenzeitlich den Begriff bzw. die Funktion „Leitender Sanitätsoffizier ‚Katastropheneinsatz' (LSO „K")", welcher bei entsprechender Alarmauslösung zunächst mit einem Erkundungskommando den Einsatz am Katastrophenort vorbereitet. Zu seinen Aufgaben gehören, neben der Leitung des Sanitätsdienstes im Katastrophengebiet, die Beurteilung des Bedarfs sanitätsdienstlicher Unterstützung im Katastrophengebiet sowie das Verbindung halten zur deutschen Botschaft im betroffenen Land und zur befehlsgebenden Kommandobehörde der Bundeswehr.

Die 2./851 AMF (L) und der zur damaligen Zeit nominierte LSO „K" – Oberstarzt Dr. Dick – wurden am 22. Juni 1990 gegen 16:30 Uhr alarmiert. Am 24. Juni traf der LSO „K" in Teheran zur Einsatzplanung mit deutscher Botschaft und iranischem Gesundheitsministerium ein. Das Feldlazarett aus München, unter Führung des damaligen Kompaniechefs Oberstabsarzt Dr. Hagel, landete am 25. Juni mit acht Flugzeugen C-160 „Transall" ebenfalls in Teheran, da eine Landung im Bereich des Erdbebengebietes nicht möglich war. Den weiteren Transport über eine Entfernung von 300 Kilometern nach Rascht übernahmen iranische LKW. Der Aufbau des Lazarettes erfolgte übrigens bei diesem Einsatz noch ohne Operationscontainer.

Der Einsatz dauerte vom 22. Juni bis zum 14. Juli 1990. Es handelte sich um einen rein sanitätsdienstlichen Einsatz, d.h. der LSO „K" war gleichzeitig Einsatzleiter und Kontingentführer. Insgesamt waren 61 Soldaten im Einsatz, davon 14 Sanitätsoffiziere und 15 Mannschaftsdienstgrade. Man behandelte im Verlauf von rund drei Wochen 3.753 ambulante und 207 stationäre Patienten und nutzte die Gelegenheit zur Ausbildung und Geräteeinweisung von iranischem medizinischem Personal, da die deutsche Bundesregierung das Feldlazarett bei Beendigung des Einsatzes als Geschenk an den Iran bzw. den „Roten Halbmond" zusammen mit Behelfsunterkünften für eine winterfeste Unterbringung übergab.

Abschließend zitiere ich eine wegweisende Schlussfolgerung des späteren Generalstabsarztes und Amtschefs des Sanitätsamtes der Bundeswehr Dr. Dick:

> „Es konnte unter Beweis gestellt werden, dass gerade die militärischen Sanitätsdienste aufgrund ihrer Ausrüstung, Organisation, Ausbildung und Reaktionsschnelligkeit für Katastropheneinsätze bestens geeignet sind."

Iran, „Kurdenhilfe" 1991

Die Vorgeschichte zur Operation „Flüchtlingshilfe Iran" 1991, auch kurz als „Kurdenhilfe" bezeichnet, darf ich als bekannt voraussetzen. Mehr als 1,7 Millionen der insgesamt etwa 4 Millionen irakischen Kurden flüchteten damals nach Beendigung der Operation „Desert Storm" Ende Februar in Richtung Türkei und Iran. Während die Türkei den Flüchtlingen kaum Unterstützung bot, öffnete die Islamische Republik Iran bereitwillig ihre Grenzen für fast 1,5 Millionen flüchtende Kurden. Der Iran lebte nach dem acht Jahre währenden Krieg mit dem Irak seit 1988 mit seinem Nachbarn lediglich im Waffenstillstand. Die Bewältigung des Flüchtlingsproblems ohne fremde Hilfe erschien angesichts mangelnder eigener Mittel und Möglichkeiten vollkommen aussichtslos. Anlässlich eines Staatsbesuches Anfang April 1991 bot der damalige deutsche Außenminister Genscher der Islamischen Republik deshalb großzügige humanitäre Hilfe an.

Die Operation „Flüchtlingshilfe Iran" war nach dem Erdbebeneinsatz 1980 bis 1981 in Süditalien der zweite große humanitäre Einsatz der Deutschen Bundeswehr, bei dem sich eine Art „Task Force", zusammengesetzt aus Pionieren, Sanitätern, Heeresfliegern, Fernmeldern, ABC-Abwehrtruppe und Luftwaffe mit zahlreichen Helikoptern hervorragend bewährt hat. Gelegentlich aufflackernde Meinungsverschiedenheiten – vor allem im Führungsbereich – relativierten sich vor dem Hintergrund der permanenten Konfrontation mit unsagbarem Elend und der täglichen Begegnung mit sterbenden Menschen – vor allem Kindern – sehr schnell und mündeten unter den extremen Lebens- und Arbeitsbedingungen in einer wüstenähnlichen Landschaft gigantischer Dimensionen in einem extremen Leistungsniveau und einem ungeheuren Leistungswillen aller Soldaten in ihrem jeweiligen Aufgabenbereich.

Die sogenannte „Unterstützungsgruppe Bakhtaran", deren Stab am gleichnamigen Flugplatz eingerichtet war, wurde im Einsatzzeitraum 1. Mai bis 12. Juni 1991 geführt vom damaligen Kommandeur der 1. Luftlandedivision (LLDiv) Generalmajor Bernhardt.

Auf der Basis der Erkundungsergebnisse von LSO „K" (Oberstarzt Dr. Dick) und dem als Führer des „Unterstützungsverbandes Sanitätsdienst" vorgesehenen Oberfeldarzt Dr. Erös, der damals Kommandeur des SanLehrBtl 851 in München war, wurde unter Beachtung zahlreicher Auflagen und Restriktionen der iranischen Regierung erstmals eine Kombination aus 2./851 AMF (L) und der Luftlandesanitätskompanie (LLSanKp) 260 zum Einsatz gebracht. Verstärkt wurden diese Einheiten durch Truppenärzte aus dem Bereich der 1. Gebirgsdivision (GebDiv) zur Realisierung eines effektiven sanitätsdienstlichen Versorgungskonzeptes, mit einem durch zwei Operationscontainer verstärkten Feldlazarett, zwei stationären, aber verlegbaren Behandlungseinrichtungen in der Nähe eines von iranischen Behörden provisorisch errichteten Lagers mit 160.000 Flüchtlingen und mobilen Arzttrupps.

Das Feldlazarett, unter Leitung von Oberstabsarzt Dr. Hagel, musste wegen seiner weiten Entfernung von der logistischen Basis selbstverständlich bezüglich Personalunterbringung, Verpflegung, Energie- und Wasserversorgung autark sein. Die von LLSanKp 260 betriebene „Clearing Station" und der „Medical Point" arbeiteten in Anlehnung an das Flüchtlingslager Jegiran unter sehr spartanischen und extremen Bedingungen, die das dort eingesetzte Personal nicht zuletzt wegen der hohen Zahl an schwerverletzten und erkrankten Kindern vor allem psychisch in ungeahnter Weise forderte. Truppenpsychologen beschäftigten sich zur damaligen Zeit noch nicht mit dem Seelenleben von Soldaten im oder nach dem Einsatz.

Im Einsatz befanden sich gleichzeitig 92 Soldaten, davon 18 Sanitätsoffiziere. Insgesamt waren es im Gesamtzeitraum von knapp sechs Wochen 216 Soldaten, davon etwa 25% Mannschaftsdienstgrade.

Wie nach dem Erdbebeneinsatz im Iran wurde zum Ende des Einsatzes am 12. Juni 1991 das deutsche Feldlazarett (mit Ausnahme der zwei Operationscontainer und einiger Hightech-Geräte) zusammen mit einem fabrikneuen 1,5 Tonnen Krankenkraftwagen (KrKw) in Anwesenheit des deutschen Botschafters Dr. Freitag und zahlreicher iranischer Regierungsvertreter in einem feierlichen Zeremoniell durch den LSO „K", dessen Funktion ich am 22. Mai von meinem Freund Jürgen Dick bis zum Einsatzende übernommen hatte, an den Gesundheitsminister der Provinz Bakhtaran übergeben. Leider hat nichts von dem Inventar des Feldlazarettes je den vorgesehenen Weg in die – ebenfalls von der Bundesrepublik Deutschland dem Iran geschenkten und in unmittelbarer Nähe errichteten – Fertighäuser gefunden. In diesem Fall hat sich das Sprichwort, man möge einem Hungrigen besser eine Angelrute denn einen Fisch schenken, ganz bestimmt nicht bewahrheitet. Ich vermute, dass dies auch auf den Erdbebeneinsatz im vorhergehenden Jahr zutraf!

Die Leistungsdaten des „Unterstützungsverbandes Sanitätsdienst" waren und sind imposant: Etwa 25.000 ambulante und ca. 2.500 stationäre Patienten wurden behandelt, unzählige Menschenleben wurden gerettet, vielen Menschen und vor allem

Kindern wurde in ihren letzten Lebensstunden zumindest menschliche Zuwendung und Geborgenheit zuteil.

Für mich persönlich ist dieser Einsatz unauslöschlich verbunden mit dem tragischen Absturz einer russischen Iljuschin 76 am 24. Mai 1991, ca. 30 km südwestlich von Bakhtaran. Diese Transportmaschine sollte den deutschen Pionieren 50 Tonnen Zeltmaterial aus NVA-Beständen für den Aufbau eines Flüchtlingslagers bringen. Von den zehn russischen Besatzungsmitgliedern überlebten sechs teilweise schwer verletzt, vier verbrannten. Ich selbst war wenige Tage vor meinem Einsatz als LSO „K" gefragt worden, ob ich am 23. Mai etwas unbequem mit einer deutschen „Transall" oder am 24. Mai bequem mit dieser russischen Iljuschin 76 nach Bakhtaran fliegen möchte. Ich entschied mich für die „Transall".

UNTAC 1992-1993

Wenngleich meine persönlichen Einsatzerlebnisse mit dem 18-monatigen Einsatz 1992 bis 1993 in Kambodscha nicht enden, stellt dieser Einsatz als Chief Medical Officer der Vereinten Nationen und gleichzeitig als Führer des ersten deutschen Blauhelmkontingentes in der Geschichte unseres Landes bei der Friedensmission UNTAC ohne Zweifel den Höhepunkt meines Soldatenlebens dar. Und dennoch will ich ganz bewusst darauf verzichten, einmal mehr Dinge zu schildern, die Sie entweder von mir persönlich schon gehört oder die Sie, von mir formuliert und mit interessanten Bildern illustriert, in einer Zeitschrift oder in einem Buch gelesen haben.

Ich will meinen heutigen Vortrag viel lieber damit beenden und damit auch überleiten zur Thematik von Flottenarzt Dr. Hartmann, der sich mit der aktuellen Einsatzrealität des Sanitätsdienstes beschäftigen wird, indem ich nicht über die von unseren insgesamt 450 Männern und Frauen in drei Kontingenten über einen Zeitraum von 1 ½ Jahren im UNTAC Field Hospital in Phnom Penh erbrachten bewundernswerten Leistungen, über die außergewöhnlichen Lebens- und Arbeitsbedingungen, über Probleme und Schwierigkeiten, die es zu meistern galt, über den Anblick von grausamen Verletzungen durch Minen oder Waffengewalt und auch nicht über den Umgang mit sterbenden Patienten spreche. Vielmehr möchte ich im Jahre 20 nach der Wiedervereinigung Deutschlands ein paar Gedanken formuliere, die sich mit der 1992 – zumindest für meine Begriffe und aus der Sichtweise meiner damaligen Funktion – schon deutlich abzeichnenden Rollenänderung des Sanitätsdienstes in seiner Vorreiterposition für die gesamte Deutsche Bundeswehr bei Peacekeeping Operationen befassen.

Der Weg des Sanitätsdienstes vom „Newcomer" zum „Keyplayer" im Rahmen von Frieden erhaltenden oder auch Frieden schaffenden Einsätzen der Vereinten Nationen, der NATO oder anderer Bündniskoalitionen hat nach Erlangung unserer staatlichen Souveränität durch die Wiedervereinigung unseres Landes 1990 ohne Zweifel am 22. Mai 1992 mit Eintreffen der ersten Soldaten eines erstmals aus dem gesamten Sanitätsdienst der Bundeswehr rekrutierten Kontingentes von Freiwilligen aller Dienstgradgruppen (einschließlich einiger Sanitätsoffiziere der ehemaligen NVA) in der Landeshauptstadt Phnom Penh begonnen.

Im Vorfeld der Entscheidung der deutschen Bundesregierung im April 1992, der Bitte des damaligen Generalsekretärs der Vereinten Nationen Boutros Boutros-Ghali um Unterstützung der UNTAC Friedensmission in Kambodscha zu entsprechen und ein 145 Mann starkes Sanitätskontingent zu entsenden, welches in Phnom Penh ein Field Hospital zur medizinischen Versorgung von 16.000 Blauhelmen und 6.000 zivilen Mitarbeitern der Vereinten Nationen errichten und betreiben sollte, gab es in der Parteienlandschaft sehr unterschiedliche Standpunkte bezüglich eines solchen Engagements deutscher Soldaten.

Die damalige schwarz-gelbe Koalitionsregierung unter Bundeskanzler Kohl folgte bei ihrer Entscheidung vor allem dem sehr zukunftsorientiert denkenden und handelnden, 1992 als Nachfolger von Gerhard Stoltenberg neu in das Amt des Verteidigungsministers berufenen CDU-Politiker Volker Rühe, der sich bereits während des außenpolitischen Kongresses der CDU am 15. Mai 1991 folgendermaßen geäußert hatte:

„Unsere Chance für die Friedensgestaltung in Europa werden wir nur dann wirklich nutzen können, wenn wir uns auch in angemessener Form unserer Verantwortung zur Friedenserhaltung außerhalb Europas stellen. Denn Europa wird nicht eine Insel der Stabilität bleiben, wenn die Welt ringsum von Krisen und Konflikten geschüttelt wird."

Rühe wurde in seinen Bemühungen, Kabinett und Bundestag von der Notwendigkeit eines neuen Rollenverständnisses für die Streitkräfte des wiedervereinten

Deutschlands zu überzeugen, durch den ebenfalls gerade neu in das Amt des Bundesministers des Auswärtigen berufenen FDP-Politiker Klaus Kinkel tatkräftig unterstützt. Der Bundeshauptausschuss der FDP hatte am 25. Mai 1991 – das heißt ziemlich genau ein Jahr vor Entsendung des Sanitätskontingentes nach Kambodscha – sehr klar und positiv zur Beteiligung an Friedensmissionen Stellung bezogen:

„Deutschland muss nach Auffassung der Liberalen nach seiner Vereinigung und nach der Herstellung der vollen Souveränität an der Durchsetzung von Entscheidungen des Weltsicherheitsrates mit Streitkräften unserer Bundeswehr mitwirken. Das soll sich auf Einsätze der Bundeswehr im Rahmen von UN-Friedenstruppen (Blauhelme) und auf Kampfeinsätze erstrecken, die auf Entscheidungen des Weltsicherheitsrates beruhen. Wir wollen dafür die verfassungsrechtlichen Grundlagen schaffen."

Vollkommen konträr hört sich hingegen ein Beschluss der sich damals in der Opposition befindenden SPD auf ihrem Parteitag am 30. Mai 1991 an:

„Eine Ausweitung der Aufgaben von NATO und WEU mit dem Ziel eines möglichen Einsatzes ihrer Truppen außerhalb des NATO-Vertragsgebietes und die Aufstellung von dazu vorgesehenen Eingreiftruppen lehnen wir ab. Eine Grundgesetzänderung mit dem Ziel, der Bundeswehr solche oder andere militärische Out-of-area-Einsätze zu ermöglichen, ist mit unserer Friedens- und Sicherheitspolitik unvereinbar. Eine deutsche Beteiligung an militärischen Einsätzen unter UNO Kommando oder durch Ermächtigung der UNO lehnen wir ab."

Man kann lediglich Vermutungen darüber anstellen, warum die Umsetzung dieser Absichtserklärungen letztendlich zur Entsendung eines Sanitätskontingentes mit der offiziellen und irreführenden bzw. schlicht falschen Etikettierung „Humanitäre Unterstützungsmaßnahme der Friedensmission UNTAC in Kambodscha" erfolgte. Ich persönlich wusste von meiner Teilnahme an der Konferenz der Truppen stellenden Nationen im UN-Hauptquartier vom 6. bis 8. April 1992 in New York, dass das, was die Vereinten Nationen von Deutschland erwarteten, weder eine „Humanitäre Unterstützungsmaßnahme" war, noch daran gedacht wurde, dem deutschen Sanitätskontingent bezüglich seiner Unterstellung vor Ort irgendeine, wie auch immer geartete oder begründete, Sonderrolle zuzugestehen. Interessanter Weise erfuhr ich übrigens erst am letzten Tag dieser dreitägigen Konferenz, am 8. April 1992, dass das deutsche Parlament dem Einsatz zugestimmt hatte.

Die politisch und wohl auch in der Öffentlichkeit opportune und an frühere Zeiten erinnernde „Humanitäre Unterstützungsmaßnahme", welche unwillkürlich an die medizinische Versorgung der notleidenden Bevölkerung Kambodschas denken ließ, führte dann auch zu einer echten Identitätskrise des deutschen Sanitätskontingentes vor Ort.

Mit zunehmender Einsatzdauer kristallisierte sich heraus, dass ein nicht geringer Anteil der Sanitätsoffiziere und auch des sonstigen Sanitätspersonals den Auftrag des deutschen UN-Kontingentes tatsächlich in erster Linie als „Humanitäre Unterstützungsmaßnahme" für die kambodschanische Zivilbevölkerung verstand. Dies erweckte in der Anfangsphase bei UNTAC-Angehörigen den Eindruck, dass das UNTAC Field Hospital – fälschlicherweise als „German Hospital" oder medienwirksam sogar als „Haus der Engel" bezeichnet, obwohl Deutschland nach den UN-Richtlinien aus dem Budget der Friedensmission UNTAC die Kosten für eingesetztes Personal und Material erstattet wurden – nur im Rahmen freier Kapazitäten UNTAC-Patienten mitbehandle und damit der eigentliche Auftrag von sekundärer Bedeutung sei.

Von den zur Verfügung stehenden 60 Betten waren zeitweise bis zu 48 von kambodschanischen Patienten belegt, deren stationäre Aufnahme und Behandlung in vielen Fällen nicht auf der von den Vereinten Nationen durchaus anerkannten Grundlage einer lebensbedrohlichen Erkrankung oder Verletzung erfolgt war.

Die mehrfachen Aufforderungen der Ärzteschaft durch den deutschen Chief Medical Officer UNTAC, eine vernünftige Basis für humanitäre Hilfsmaßnahmen zu finden, wurden als Befehl zur Missachtung ärztlicher Ethik interpretiert und konstant boykottiert. Bedauerlicher Weise wurde diese Einstellung anfangs von der nationalen Führung im Heimatland unter Hinweis auf den Terminus technicus (politicus) „Humanitäre Unterstützungsmaßnahme der Vereinten Nationen in Kambodscha" und auf den angeblichen Verbleib des deutschen Kontingentes unter nationalem Befehl gestützt.

Als dann am 23. Juli 1992 aus New York ein sogenanntes „Citissime"-Fernschreiben – „sehr eiliges" Fernschreiben – der Ständigen Vertretung der Bundesrepublik Deutschland bei den Vereinten Nationen mit großem Verteiler im Bundesministerium der Verteidigung (BMVg) in Bonn eintraf, aus dem hervorging, man habe aus verlässlichen Quellen die Information erhalten, dass die Vereinten Nationen den Abzug des deutschen Sanitätskontingentes (wegen dessen überzogener Materialanforderungen, wegen permanenter Verstöße gegen die für UN-Friedenseinsätze geltenden Behandlungsrichtlinien und wegen Problemen hinsichtlich der Unterordnung des deutschen Kontingentes unter UN-Kommando) in Erwägung ziehen würden, kam selbst bei unbelehrbaren „Chefideologen" und überzeugten „Samaritern" wegen des drohenden Verlustes an politischem Ansehen, den die Bundesrepublik im Falle einer Ablösung von ihrem ersten UN-Einsatz erleiden würde, enorme Hektik auf.

Die in diesem Schreiben ebenfalls enthaltene Aussage, dass das UN-Sekretariat eine Übernahme der medizinischen Versorgungsebene 3 durch Indien als Alternative betrachte, zeigte wie weit die Überlegungen offensichtlich schon fortgeschritten waren.

Ab August 1992 erfolgte eine deutliche Kursänderung und die noch verbleibende Stehzeit des ersten Personalkontingentes bis Ende November war dadurch geprägt, dass man am Mekong ziemlich rasch Gleichschritt mit den anderen Blauhelmtruppen aufnahm und Befehle, Weisungen und „Guidelines" der Vereinten Nationen sehr sorgfältig beachtet wurden. Am Rhein unterstützte man die volle Integration des deutschen Sanitätskontingentes in die Gemeinschaft der Peacekeeper, indem man Restriktionen schrittweise lockerte und das Beharren auf einen deutschen Sonderstatus aus gegebenem Anlass zu den Akten legte.

Interessanter Weise sprachen fortan auch die Medien von „unseren Blauhelmen in Kambodscha" und mehr vom „ersten Einsatz unter der Flagge der Vereinten Nationen", denn von einer humanitären Unterstützungsmaßnahme.

Sie haben zum Ende meiner Ausführungen einen Ihnen sicherlich bisher noch nicht bekannten Ausschnitt aus der Entwicklungsgeschichte des Sanitätsdienstes kennen gelernt, der, um ein letztes Mal Generaloberstabsarzt Prof. Dr. Rebentisch zu zitieren, tatsächlich immer ein Kind seiner Zeit ist. Ich habe diese damaligen Ereignisse in Kambodscha bestimmt nicht so ausführlich geschildert, um Kritik zu üben, sondern ich wollte Ihnen zeigen, dass die „Erfolgsstory Sanitätsdienst", die 1992 bis 1993 in Phnom Penh mit bis dahin unbekannten Akzenten versehen wurde und bis heute anhält, auf jahrzehntelanger Erfahrung, uneingeschränkter Leistungsbereitschaft und auf dem Willen und der Fähigkeit zu internationaler Integration und Kooperation unter dem Wahlspruch „Scientiae, Humanitati, Patriae" basiert.

Wie anders könnte man sich sonst die Dankesworte von Director of Administration UN HQ New York, Mr. Hocine Medili erklären, die ich am 13. November 1993 stellvertretend für das deutsche Sanitätskontingent entgegen nehmen durfte:

„Lastly, may I take this opportunity to reiterate my appreciation for the professionalism, hard work and dedication of the German Medical Contingent and their outstanding contributions to UNTAC and to the United Nations."

Ein paar Wochen später wurde Fw Arndt als erster deutscher Soldat bei einer Friedensmission kurz vor seiner Heimkehr nach Deutschland in Phnom Penh auf offener Straße erschossen. Er war der 71. von insgesamt 72 Blauhelmsoldaten, die in Kambodscha in Ausübung ihres Dienstes für den Frieden gestorben sind. Der Sanitätsdienst befindet sich seit 1992 ohne Unterbrechung weltweit nicht nur im Einsatz sondern auch in Kampfeinsätzen und hat leider inzwischen eine stattliche Anzahl von Gefallenen zu beklagen.

Und wenn ich unseren Verteidigungsminister richtig interpretiere, dann legitimieren sich die Struktur, der Umfang und die Ausrüstung der deutschen Streitkräfte der Zukunft ausschließlich über die Mitwirkung an internationalen Einsätzen jeglicher Art.

Literatur und Nachweise beim Verfasser

Adresse des Verfassers

Dr. Peter K. Fraps

Generalstabsarzt a. D.

Bachstr. 23

D-85084 Reichertshofen

p.a.fraps@t-online.de

Anmerkungen

[1] Vortrag, gehalten im Rahmen des 2. Wehrmedizinhistorischen Symposiums, veranstaltet von der Gesellschaft für Geschichte der Wehrmedizin e.V. in Verbindung mit der Sanitätsakademie der Bundeswehr am 10.11.2010 in München. – Der Vortragstext wurde in aktualisierter Form im Wesentlichen beibehalten.

Von der Bipolarität zur weltweiten Reaktionsfähigkeit – der Sanitätsdienst auf dem Weg zur neuen Einsatzrealität

FROM BIPOLARITY TO WORLDWIDE RESPONSIVENESS – THE MEDICAL SERVICE ON ITS WAY TO A NEW OPERATIONAL REALITY

von Volker Hartmann[1]

Zusammenfassung:

In dem Beitrag sollen schwerpunktmäßig die politische und militärische Situation nach der Wende 1989 und die daraus resultierenden sanitätsdienstlichen Herausforderungen für die Bundeswehr betrachtet werden. Die Anfang der neunziger Jahre erarbeiteten Grundlagen stellen bis heute die Eckpunkte auf dem Weg zu der neuen Einsatzrealität dar. Die damaligen Ereignisse, Bedingungen und Besonderheiten mit ihren bis heute nachwirkenden Entscheidungen werden skizziert und aus historischer Sicht diskutiert. Der Fokus richtet sich dabei auf die inhaltlichen Begründungen und ersten praktischen Schritte bei der Umgestaltung des Sanitätsdienstes zu Beginn der Epoche der Auslandseinsätze. Diese Neukonzeption der sanitätsdienstlichen Versorgung wurde gleichzeitig mit den konkreten Aufgaben der Bundeswehr und ihres Sanitätsdienstes im Rahmen der Übernahme bzw. Auflösung der Nationalen Volksarmee und der Gestaltung der Armee der Einheit vorgenommen. Es kommt insbesondere zur Sprache, welche Möglichkeiten die damalige Führung des Sanitätsdienstes der Bundeswehr in Zeiten des Umbruches hatte und was die wichtigen Voraussetzungen für die Formulierung der „Fachlichen Leitlinie für die sanitätsdienstliche Versorgung von Soldaten der Bundeswehr im Auslandseinsatz" und nachfolgender Begrifflichkeiten gewesen sind. Zudem wird der Frage nach Kontinuitäten auf fachlichem Gebiet, aber auch Diskontinuitäten, die bis in die heutige Zeit reichen, nachgegangen.

Schlüsselwörter:

Verteidigungspolitische Richtlinien, humanitäre Einsätze, Sanitätsdienst der Bundeswehr, Inspektion des Sanitäts- und Gesundheitswesen, Fachliche Leitlinie für die sanitätsdienstliche Versorgung von Verbänden der Bundeswehr außerhalb Deutschlands, Sanitätsakademie der Bundeswehr, Einsatzmedizin

Summary:

This contribution focuses on the political and military situation after the turnaround in 1989 and the resulting challenges for the Medical Service of the Bundeswehr. The key elements that were developed back in the early 1990s still continue to constitute the cornerstones on the way to new operational reality. The events, conditions and specific aspects prevailing in those days and the resulting decisions that continue to have an effect until today are outlined and discussed from a historical point of view. Particular emphasis is placed on the argumentation and the first practical steps towards revamping the Medical Service at the beginning of the epoch of deployments abroad. The new concept of medical care was developed at a time of specific challenges for the Bundeswehr and its Medical Service ensuing from the enlistment and disbandment of the National People's Army and the shaping of an Army of Unity. The options of the then Bundeswehr Medical Service leaders in times of change, the most substantial requirements for the phrasing of the „Fachliche Leitlinie für die sanitätsdienstliche Versorgung von Soldaten der Bundeswehr im Auslandseinsatz" (Technical Guideline for the Medical Support of Military Personnel during Deployments outside Germany), and the terminology used eventually are discussed. Additionally, the question of technical continuities and discontinuities which prevail until today is investigated.

Keywords:

Defence Policy Guidelines, humanitarian missions, Bundeswehr Medical Service, Office of the Bundeswehr Surgeon General, Technical Guideline for the Provision of Medical Support to Bundeswehr Units Deployed outside the Federal Republic of Germany, Bundeswehr Medical Academy, field medicine

„Es ist jetzt für den Sanitätsdienst die Zeit gekommen, sich zu emanzipieren und den Platz in den Streitkräften einzunehmen, der [...] ihm aufgrund der von ihm erwarteten Rolle zukommt. Wir leben in einer anderen Zeit als noch 1989 [...]"[2] (Generaloberstabsarzt Dr. Gunter Desch, Inspekteur des Sanitäts- und Gesundheitswesens, 1994)

Die Verteidigungspolitische Richtlinie (VPR) 1992

Mit Beendigung des Kalten Krieges in der zweiten Hälfte der achtziger Jahre änderte sich die weltpolitische Lage grundlegend. Infolge dessen kam es nach der deutschen Wiedervereinigung zu dem politischen Beschluss, mehr internationale Verantwortung zu übernehmen. Dies führte zu erheblichen Veränderungen im außen- und sicherheitspolitischen Raum und damit auch im militärischen Alltag der Soldaten. Erstmals ist in den von dem damaligen Bundesminister der Verteidigung Volker Rühe im November 1992 erlassenen Verteidigungspolitischen Richtlinien (VPR) die Rede von „militärischen Solidarbeiträgen auf Anforderung der Völkergemeinschaft", von „Verteidigungsvorsorge [...] nicht auf das eigene Territorium beschränkt", die schließlich in der für die damaligen Verhältnisse bahnbrechenden Formulierung mündete:

„Ein Teil der deutschen Streitkräfte muss daher zum Einsatz außerhalb Deutschlands befähigt sein."

Zusammenfassend formulierte Rühe, dass die Streitkräfte zur Erfüllung des Auftrags unter anderem

„[...] in präsente, mobile ‚Krisenreaktionskräfte' als Instrument politischen Krisenmanagements im Bündnis sowie als Kräfte der ersten Stunde zur Verteidigung Deutschlands und seiner Bündnispartner [...] gegliedert [werden]."[3]

Dieser Terminus „Krisenreaktionskräfte" vom 26. November 1992 stellte vom Inhalt her den Beginn des weltweiten Engagements deutscher Streitkräfte im Ausland dar. Darauf aufbauend zielte zwei Jahre später das unter der Kanzlerschaft Dr. Helmut Kohls verfasste Weißbuch 1994[4] in die gleiche Richtung, und auch das noch einmal 12 Jahre später unter dem Bundesminister der Verteidigung Dr. Franz Josef Jung verabschiedete und noch heute gültige Weißbuch 2006 nimmt darauf Bezug.[5] Das Bundesverfassungsgericht hat erst eineinhalb Jahre nach den VPR

1992, am 12. Juli 1994, die verfassungsrechtliche Zulässigkeit von Auslandseinsätzen der Bundeswehr, die im Rahmen und nach den Regeln eines Systems gegenseitiger kollektiver Sicherheit stattfinden, und damit die uneingeschränkte Handlungs- und Bündnisfähigkeit Deutschlands, bestätigt.

In den VPR 1992 ist somit erstmals von einem „erweiterten Auftrag" der Bundeswehr die Rede. Auch wenn der Begriff „Transformation" – die Gestaltung eines fortlaufenden, vorausschauenden Anpassungsprozesses, dessen Ziel die Erhöhung der Wirksamkeit der Bundeswehr im Einsatz ist – erst zu Beginn dieses Jahrtausends aufkam, hält der tief greifende Umbau der deutschen Streitkräfte de facto schon seit dieser Zeit an. Die Bundeswehr und damit auch ihr Sanitätsdienst wandelten sich in einem schleichenden Prozess von der Landesverteidigungs- zu einer Einsatzarmee. Dieser Wandel wurde zum sogenannten „strukturbestimmenden Element". Aus historischer Sicht stellt er als Contradictio in adiecto somit die entscheidende Konstante im militärischen Gefüge der letzten zwanzig Jahre dar.

Am 12. November 1993 kehrte das letzte Kontingent von Soldaten des Sanitätsdienstes aus Kambodscha zurück. Der Einsatz war eine große Bewährung für die meisten Teilnehmer; auf den zusammenfassenden, von Oberstarzt Prof. Heinz Gerngroß und Dr. Kalke herausgegebenen Erfahrungsbericht über den Einsatz wird verwiesen.[6] Der Einsatz in Kambodscha stellte aber nur den Höhe- und Schlusspunkt dieser um die Zeitenwende 1990 erfolgten humanitären Einsätze dar. Daneben engagierte sich die Bundeswehr bei dem Erdbebeneinsatz im Nordiran 1990 und bei der Kurdenhilfe im Westiran 1991. Bei der letzteren beteiligten sich immerhin 231 Soldaten. Zusammen mit dem kurz darauf beginnenden UNOSOM-Einsatz (United Nations Operation in Somalia = Operation der Vereinten Nationen in Somalia) in Somalia handelte es sich bei diesen Operationen erstmals um Hilfseinsätze im Verbund (JOINT).

Diese Missionen bedeuteten für die Bundeswehr wichtige Schritte in der Entwicklung eines umfassenden international orientierten „Operationskonzepts". Bislang entwickelte nationale Strukturen und Verfahren mussten an wichtigen Schnittstellen auch für den internationalen Verbund kompatibel gestaltet werden. Eine Vielzahl von „lessons learned" waren die Folge: hinsichtlich Personalgenerierung, Beschaffung von Infrastruktur bzw. Sanitätsmaterial, Ablauforganisation, Operationalität unter schwierigen klimatischen Bedingungen, um nur einige zu nennen. Die

Erfahrungen mündeten in der Struktur der sog. „Krisenreaktionskräfte", auch für den Sanitätsdienst.

Die Entwicklung der Leitlinie des Sanitätsdienstes der Bundeswehr als Grundlage für die sanitätsdienstliche Versorgung in den Einsätzen

Die in den VPR beschriebenen neuen Einsatzoptionen forderten schnell innovative Gedanken und konzeptionelle Grundlagenarbeit für die sanitätsdienstliche Versorgung heraus. Diese mussten auf eine Reformierung dessen hinauslaufen, was für den im Grunde undenkbaren und kaum zu führenden Krieg in Mitteleuropa zwischen NATO (North Atlantic Treaty Organization = Organisation des Nordatlantikvertrages) und Warschauer Pakt an medizinischen Vorhaltungen ausgeplant worden war.

Einige Fakten zum Sanitätsdienst der Bundeswehr bis 1989: Eine NATO Weisung sah vor, für 16 % ihres Verteidigungsumfangs von 1,3 Millionen Soldaten Betten in Lazaretten vorzuhalten. Das waren immerhin 200.000 Betten. Es ist naheliegend, dass die Erfüllung der Zahl (Quantität vor Qualität) die entscheidende Rolle spielen musste. Hierzu bestanden 174 Reservelazarettgruppen mit jeweils 1.000 Betten, die in den neunziger Jahren sukzessive reduziert wurden. Zur Erinnerung: 1989 gab es in der alten Bundesrepublik 3.046 Krankenhäuser mit ca. 670.000 Betten, von denen durchschnittlich 11,3 % nicht besetzt waren, also 76.000 Betten. Im Verteidigungsfall sollten somit zehntausende eigene Betten bereitgehalten werden.

Die grundsätzlichen Vorstellungen bestanden darin, sich für die neuen Krisenreaktionskräfte nicht mehr am kaum zu beherrschenden Massenanfall von Verletzten zu orientieren, sondern an der Entwicklung und Bereitstellung von Hochtechnologie in der Individualmedizin und zwar für einen weltweiten Einsatz. Als bestimmendes Merkmal in der damaligen Diskussion kristallisierte sich heraus, dass im tiefsten Frieden – in dem man sich ohne Zweifel befand – den Soldaten im Einsatz ein Anspruch auf eine Behandlung garantiert werden sollte. Dieser qualitative Versorgungsanspruch jedes Soldaten sollte unabhängig von der Größe des eingesetzten Verbands immer gleich sein und sich an neuesten Entwicklungen in der Medizin orientierten. Die personelle, materielle, organisatorische und ausbildungstechnische Aufstellung neuer Sanitätselemente ging dabei parallel zu der Formulierung eines Konzeptes, das im Sanitätsdienst, aber genauso weit darüber hinaus in den Teil-

streitkräften und in der Politik, verbindlich anerkannt werden sollte. Bis heute befindet es sich in allen wesentlichen Grundlagendokumenten der Bundeswehr.

Bereits kurz nach der Veröffentlichung der VPR wurde in der Unterabteilung II der
damaligen Inspektion des Sanitäts- und Gesundheitswesens (InSan) im Bundesministerium der Verteidigung (BMVg) unter Führung von Generalarzt Dr. Karl Wil-
helm Demmer erkannt, dass eine solche Neuorientierung nur auf Grund fachlicher
Vorgaben zu realisieren sein würde. Denn auf diesem Gebiet war unumstritten die
alleinige Zuständigkeit des Inspekteurs des Sanitäts- und Gesundheitswesens gegeben. Ob den Schöpfern der innovativen Gedanken bereits damals wirklich so klar
erkennbar gewesen ist, dass ein solcher Ansatz

> „[...] vor dem Hintergrund der Begrenztheit der personellen und finanziellen
> Ressourcen und der Vielfalt möglicher Kräftekonstellationen zu einer umfas-
> senden Strukturveränderung des Sanitätsdienstes im Sinne einer zunehmenden
> Zentralisierung und Eigenständigkeit führen musste",[7]

wie das später mancherorts postuliert wurde, mag dahin gestellt bleiben. Die Veröf-
fentlichungen der Zeit nehmen dazu kaum Stellung.

Auf jeden Fall wurde in der InSan über Monate sehr intensiv und unter Einbindung
von weiterer militärischer und ziviler Expertise unterschiedlichster Couleur um die
neue Leitlinie gerungen. Nach zum Teil äußerst heftigen Diskussionen um Formu-
lierungen auch innerhalb des Sanitätsoffizierkorps – es waren zudem einige Zweifel
um die Umsetzbarkeit aufgekommen – konnten die Grundsätze für die sanitätsdienstliche Versorgung von Soldaten der Bundeswehr im Auslandseinsatz in der
sogenannten „Fachlichen Leitlinie für die sanitätsdienstliche Versorgung von Verbänden der Bundeswehr außerhalb Deutschlands" bereits am 29. April 1993 durch
den Inspekteur des Sanitäts- und Gesundheitswesens, Generaloberstabsarzt Dr.
Gunter Desch, erlassen werden.

Zu diesem Zeitpunkt waren die letzten Teilnehmer am Kambodscha–Einsatz der
Vereinten Nationen noch nicht zurückgekehrt, der erste große Landeinsatz der
Bundeswehr, die UN-Peacekeeping Operation UNOSOM in Somalia, stand unmit-
telbar bevor. Die damaligen Kommandeure der in Somalia eingesetzten deutschen
Sanitäter, Oberstarzt Dr. Michael Hagel und Oberstarzt Dr. Jürgen Dick, schrieben
später, dass für das 1.700 Mann starke Blauhelmkontingent erstmals

„[…] der Fachlichen Leitlinie für die sanitätsdienstliche Versorgung von Verbänden der Bundeswehr außerhalb der Bundesrepublik Deutschland […] folgend, […] der Sanitätsdienst des Deutschen Unterstützungsverbandes Somalia personell und materiell so auszustatten [war], dass ‚den Soldaten bei ihrem Einsatz für den Fall der Erkrankung, eines Unfalles oder einer Verwundung eine medizinische Hilfe zuteil wird, die im Ergebnis dem fachlichen Standard in der Bundesrepublik entspricht‘ […].“[8]

In diesem Erfahrungsbericht wird somit zum ersten Mal in Zusammenhang mit einem Einsatz auf dieses Grundlagendokument Bezug genommen.

Diese neue „Fachliche Leitlinie“, die zwei Jahre später noch geringgradig modifiziert wurde, und ihre Folgedokumente stellten einen innovativen und in der Geschichte des Sanitätsdienstes grundlegenden Fortschritt dar, da sie zum ersten Mal die Qualität der medizinischen Versorgung in den Streitkräften nicht an die verfügbaren Kräfte und Mittel im Sinne eines „bestmöglichen“ und damit im Grunde genommen beliebig gestaltbaren Standards knüpfte, sondern die medizinische Ergebnisqualität zum Maßstab nahm. Der damalige Inspekteur des Sanitäts- und Gesundheitswesens, Generaloberstabsarzt Dr. Desch, beschrieb die Situation später sehr treffend:

„Wenn in Deutschland 80 Millionen Menschen im Frieden leben, muss für die einigen Hundert oder Tausend, die die Interessen dieses Landes in Krisen- und Kriegsgebieten vertreten, ein Optimum an medizinischer Versorgung vorgesehen werden. Sie dürfen im Falle ihrer Erkrankung, Verletzung oder Verwundung nicht schlechter gestellt werden als diejenigen, die zu Hause einen Verkehrsunfall erleiden und danach mit einer Versorgung nach allen Regeln und Möglichkeiten moderner Medizin rechnen können.“[9]

„Fachliche Leitlinie“ und Krisenreaktionskräfte (KRK)

In den VPR waren als Kernelemente zur Erfüllung des neuen Auftrags die bereits beschriebenen sogenannten „Krisenreaktionskräfte (KRK)“ benannt, deren sanitätsdienstliche Versorgung nunmehr einen neuen Schwerpunkt des Sanitätsdienstes der Bundeswehr bildete. Die weltweite sanitätsdienstliche Versorgung solcher hochmobiler Verbände in einem bisher unbekannten Einsatzspektrum zu organisieren und dies noch dazu vor dem Hintergrund der nicht einfachen Konzeption und

Aufstellung neuer und besser geeigneter militärischer Einsatzkräfte, sollte sich jedoch zu einer großen Herausforderung entwickeln. Als besondere Kennzeichen der sanitätsdienstlichen Versorgung der Krisenreaktionskräfte wurden Qualität, Mobilität, Flexibilität und sofortige Verfügbarkeit identifiziert. Bereits im Herbst 1993 waren die wesentlichen Ziele definiert:[10] Erstmals wurde die Abkehr von einer flächendeckenden militärischen „Medizin mit eingeschränkten Mitteln" propagiert, wie es über Jahrzehnte im Kalten Krieg gepflegt worden war. Das Ziel lag nun in der exportierbaren Individualmedizin. Fachliche Notwendigkeiten und nicht die Struktur der Truppe sollten den künftigen Aufbau und die organisatorische Zuordnung der sanitätsdienstlichen Kräfte und Mittel bestimmen. Ebenso wurden erstmals der konsequente modulare Aufbau einzelner Leistungsbereiche und die Ordnung in obligate und fakultative Leistungen vorgegeben. Diese sollten eine bedarfsgerechte Zusammenstellung der Sanitätseinrichtungen erlauben. Die Zuordnung der sanitätsdienstlichen Elemente zu den eingesetzten Kampf- und Kampfunterstützungstruppen war dem Grundsatz geschuldet, dass wertvolle und begrenzte Ressourcen, und um solche handelte es sich bei den spezialisierten Angehörigen des Sanitätsdienstes mit ihrem medizinischen Equipment, optimal genutzt werden. Im Raum stand zunächst auch noch die Beschaffung eines Hospitalschiffes zur Darstellung des klinischen Bereiches bei maritimen Operationen bzw. bei von See auf Land einwirkenden militärischen wie humanitären Szenarien. Als Vorteile wurden hier die Sicherstellung eines Klinikbetriebs auf höchstem Niveau unter Beachtung aller deutschen Normen und Vorschriften hinsichtlich Hygiene, Trinkwasseraufbereitung und Unabhängigkeit von der Infrastruktur des Einsatzlandes gesehen. Das Hospitalschiff-Projekt wurde später in ein Konzept „Mehrzweckschiff" überführt, eine schwimmende Einheit, die im Verbund aller Teilstreitkräfte betrieben werden sollte. Im Zuge des verstärkten Engagements der Bundeswehr auf dem Balkan stellte das BMVg diese Überlegungen schließlich ein.

In der „Fachlichen Leitlinie" wurden die Behandlungsebenen, die in ihrer Ausgestaltung fest an den hierarchischen Ausbau der zu versorgenden Truppe gekoppelt waren, ersetzt durch sogenannte Leistungsbereiche, die das gesamte Spektrum der sanitätsdienstlichen Versorgung im Einsatz abdecken sollten. Auf allen Ebenen waren Container für den Einsatz vorgesehen, soweit Klimatisierung und Funktionalität es erforderten, ansonsten zählte man auf die bewährten Zelte, vor allem wegen ihrer Mobilität.

Auch die Wertigkeit der Selbst- und Kameradenhilfe, der ersten suffizienten Hilfe am Ort der Verwundung, war in der „Fachlichen Leitlinie" bereits sehr genau definiert und liest sich auch heute noch bahnbrechend, wenn man z.b. die 2010 im Zuge der Herausforderungen des Krieges in Afghanistan konzipierten „Einsatzersthelfer A und B"-Ausbildungen betrachtet, welche erst 17 Jahre später implementiert wurden. Aussagen zur Multinationalität, auch im Hinblick der Ressourceneinsparung, finden sich ebenso erstmals in der „Fachlichen Leitlinie". Auch diese Zusammenarbeit verbündeter Nationen auf dem Gebiet des Sanitätsdienstes ist in den Einsätzen mittlerweile überall Realität.

Interessant erscheinen allerdings die Größenordnungen der Truppen, mit denen Mitte der neunziger Jahre gehandelt wurde. Damals war angedacht, eine sanitätsdienstliche Versorgung von bis zu 50.000 Mann präsenten Krisenreaktionskräften zu generieren. Eine gewaltige Aufstockung der Ressourcen, auch der finanziellen, musste unmittelbare Folge sein. Desch sprach im Januar 1994 von

„[…] vorgezogene[n] Beschaffungen von Material und Sanitätsmaterial von ca. 250 Mio. DM und Umverteilungen in den laufenden Beschaffungsvorhaben in Höhe von 500 Mio. DM."[11]

Im Herbst 1994 formulierte der Referatsleiter BMVg InSan II 1, Oberstarzt Dr. Theiler, erstmals die Bereitstellung von zwei Divisionsäquivalenten KRK mit einem zusätzlichen Bedarf von 5.000 Dienstposten, vor allem in den Fachrichtungen Anästhesie, Chirurgie und Psychiatrie. Theiler dachte damals an die Aufstellung von drei Sanitätsbrigaden und acht Lazarettregimentern, um den Forderungen der Krisenreaktionskräfte Rechnung zu tragen. Außerdem sollten Teilstreitkraft(TSK)-übergreifende Führungsstrukturen im Einsatz, ein TSK-übergreifendes Verwundetenleitsystem und eine geeignete Langstreckenverwundetentransportkapazität aufgebaut, zudem acht modulare Feldlazarette auf Containerbasis beschafft werden. Auch der Begriff „Rettungsstation" für die Darstellung des Leistungsbereiches 1 kam erstmals auf, während die Bezeichnung „Verwundetenoperationsplatz" oder auch „Akutlazarett" für den Leistungsbereich 2 sich nicht halten konnte und ebenso wie die Begrifflichkeit „Evakuierungslazarett", eine klinische Einrichtung mit 400 Betten und sechs Operationsgruppen im Leistungsbereich 3, später verschwand. Ende 1995 wurden schließlich zwei geringer dimensionierte „KRK-Lazarette" aufgestellt und an die Bundeswehrkrankenhäuser Ulm und Koblenz angegliedert. Aber auch die Größenordnungen dieser Einrichtungen waren vergleichsweise bemerkenswert: materiell standen bis zu 204 Container und 145 Zelte zur Verfügung, die durch 338 Soldaten im Frieden und weitere 110 im Bedarfsfall bemannt werden sollten. Immerhin sollten durch die KRK-Lazarette 200 Krankenhausbetten mit bis zu vier OP Gruppen betrieben werden. Zudem standen eine eigene Apotheke, modernste Medizintechnik und eine autarke Energieversorgung bereit. Die KRK-Lazarette stellten später den Nukleus von Sanitätseinsatzverbänden dar, wie z. B. in Bosnien 1999. Als erster Kommandeur führte Oberstarzt Dr. Karl Pecher das Ulmer KRK-Lazarett, der spätere Generalarzt Prof. Dr. Dr. Erhard Grunwald fungierte als erster Kommandeur der dem Bundeswehrzentralkrankenhaus Koblenz assoziierten Einheit.

Die neue Sanitätsausbildung an der Sanitätsakademie der Bundeswehr

Die neuen Herausforderungen der Einsätze gingen auch an der Sanitätsakademie der Bundeswehr (SanAkBw) als der zentralen Ausbildungseinrichtung des Sanitätsdienstes der Bundeswehr nicht vorüber. Die besondere Wertigkeit des immer mehr zunehmenden Ausbildungsbedarfs des Personals, der stetig sich verkomplizierenden Sanitätsgeräte und vor allem der auf intensive Kohäsion mit anderen Truppengattungen hinzielenden Teamausbildung kristallisierte sich erst nach und nach heraus.

Zunächst erfolgte die Beschaffung und Herrichtung von 21 Containern für KRK-Ausbildungs-Zwecke im Rahmen der Einsatzvorbereitung. Im März 1994 wurde der erste Modell-Lehrgang „Sanitätsdienst im Katastropheneinsatz Ausland/UN" an der SanAkBw durchgeführt. Den Pilot-Lehrgang besuchten 45 Sanitätsunteroffiziere und 20 Sanitätsoffiziere. Während des Kurses wurden erstmals gemeinsame und dienstgradübergreifende Unterrichte für die Teilnehmer angeboten, beispielsweise erhielten die Absolventen eine Einweisung in die Aufgaben als Teileinheitsführer genauso wie die Kenntnis spezieller fachlicher Inhalte vermittelt, etwa auch auf tropenmedizinischem Gebiet. Es ist heute fast vergessen, dass die jeweiligen Sanitätskontingente für die Einsätze in Kambodscha, Somalia, Kroatien/Bosnien bis Ende der neunziger Jahre an der SanAkBw für den Einsatz vorbereitet wurden. Die Aufgaben übernahm das bis Frühjahr 1997 bestehende Sanitätslehrbataillon (SanLehrBtl) 851, später eine neu aufgestellte Sanitätslehrkompanie (SanLehrKp). Bis Dezember 1996 war nebenamtlich und personalneutral die I. Inspektion der Lehrgruppe A dafür verantwortlich. Die hohen Rotationsfrequenzen der Kontingente, die größeren Umfänge an Personal, die Einführung komplexer Medizintechnik und die Integration spezifischer Ausbildungsthemen in Verbund mit der Forderung einer speziellen Geländeausbildung gaben schließlich Anlass zu einer grundlegenden Änderung der Einsatzausbildung und Etablierung eines eigenständigen Sanitätsübungszentrums in Weißenfels bzw. später eines Zentrums für Einsatzausbildung und -unterstützung in Feldkirchen.

Die Einsatzmedizin

Die erste Verwendung des Begriffes „Einsatzmedizin" ist nicht mehr mit Bestimmtheit zu ermitteln. Er findet sich im Schriftgut erst Ende der neunziger Jahre. Oberstarzt Prof. Dr. Heinz Gerngroß, langjähriger Leiter der Chirurgischen Abteilung am Bundeswehrkrankenhaus (BwKrhs) Ulm, bemerkte hierzu rückblickend im Jahre 2001:

„Die Einsatzmedizin wurde zunächst unter dem Kontext ‚Einsatzchirurgie' aufgefasst. Dieser Terminus ist offensichtlich zum ersten Mal auf der 1. AR-CHIS [Arbeitskreis chirurgisch tätiger Sanitätsoffiziere] -Tagung 1993 erwähnt worden. Damals trafen sich erstmalig eine ganze Anzahl von Sanitätsoffizieren Chirurg, um über zukünftige Entwicklungen im Lichte der Erfahrung aus Kambodscha zu diskutieren. Als die Frage nach dem Selbstverständnis dieser Gruppe aufkam, suchte man nach einer griffigen neuen Bezeichnung. Es war Oberstarzt Dr. Radomsky aus Ulm, der als erster den Begriff ‚Einsatzchirurg' in den Mund nahm und sofort die Zustimmung der Teilnehmer erhielt. Mittlerweile wurde das Wort ‚Einsatz' in seinen verschiedensten fachlichen Facetten aufgenommen und global der Begriff ‚Einsatzmedizin' zum Standardbegriff für die hauptsächliche Zielsetzung des Sanitätsdienstes der Bundeswehr."[12]

Es sollte tatsächlich noch bis zum Sommer 1999 dauern, bis Prof. Gerngroß in dem Übersichtsartikel „Einsatzchirurgie: Realität und Wunschvorstellung" die Begrifflichkeit „Einsatzchirurgie" erstmals näher erläuterte.[13] Diese besondere und neue chirurgische Teildisziplin sah er in ihrem Wirken eben nicht im Kriege bzw. in der Nähe eines möglichen Gefechtsfelds angesiedelt. Hier galt es nun, eine den neuen Herausforderungen angepasste operative chirurgische Spezialität zu formulieren, die keine herkömmliche und bekannte Kriegschirurgie mehr darstellte, welche sich

in den Zeiten der großen Kriege mit der abgestuften Behandlung von zahlreich anfallenden Verwundeten zu befassen hatte. Unter „Kriegschirurgie", wie sie ein-
drucksvoll von Peter Bamm[14] oder Hans Killian[15] beschrieben worden ist, subsu-
mierte sich Chirurgie unter eigener Lebensgefahr, mit Zeitmangel, minimierten
Hilfsmitteln und mit hohen plötzlich anfallenden Verwundetenzahlen. Hingegen
bezeichnete Gerngroß die neue Einsatzchirurgie differenzierter als Kriegschirurgie
mit elektiver Komponente, die Wert auf einen definitiven Versorgungsstandard
legt. Er definierte sie als eine chirurgische Tätigkeit:

- außerhalb der eigenen Klinik,
- unter restriktiven – ungünstigen – feindlichen Bedingungen,
- ohne den Background von Einzelspezialisten und
- mit dem Ziel, ein Ergebnis wie zuhause zu erreichen.

Der Bezug zu den Kautelen der „Fachlichen Leitlinie" liegt bei dieser Spezifizie-
rung auf der Hand.

Gerngroß und Mitarbeiter definierten zunächst Einsatz und Umfang der neuen Chirurgie und befassten sich intensiv mit einer der Kernfragen, wie ein Einsatzchirurg,
über welchen Zeitraum, an welchem Ort ausgebildet werden sollte. Und damit zu-
sammenhängend, welche Eignungs- und Ausbildungskonzepte erarbeitet werden
mussten und welche Rolle die chirurgische Spezialisierung mit ihren Zusatz- und
Schwerpunktbezeichnungen, zivile Weiterbildungsstätten und nicht zuletzt auch die
Fortschritte auf intensivmedizinischem Gebiet zukünftig spielen sollten.[16] Intensiv
diskutiert wurden bereits damals die absehbaren Schwierigkeiten, die ein Operieren
unter reduzierten Bedingungen bedeutet, ohne die Möglichkeit eines Rückgriffs auf
chirurgische Einrichtungen der Maximalversorgung. So kam die Frage auf, ob in
den Sanitätseinrichtungen ein optimales Ergebnis in Form einer definitiven und
endgültigen Versorgung oder eben nur eine notfallchirurgische Stabilisierung eines
Patienten erreicht werden sollte, mit folgendem raschem Rücktransport und ab-
schließender Behandlung in einer Heimateinrichtung. Dies war eine Vorgehenswei-
se, die der französische Sanitätsdienst im Bosnien-Einsatz 1995 erfolgreich praktizierte. Was tatsächlich Ende der neunziger Jahre noch nicht vorausgesehen werden
konnte, obwohl manche Chirurgen durchaus auf die Möglichkeit solcher Verletzungen hinwiesen hatten,[17] war der besondere Schweregrad von Verwundungen,
sogenannte Mehrfach- oder Kombinationsverletzungen, wie wir sie heute in den

Kriegen im Mittleren Osten regelmäßig sehen. Interessanterweise waren in den Einsätzen in Kambodscha und Somalia durchaus schwere Verletzungen von deutschen Militärchirurgen operiert worden, aber in den folgenden Balkaneinsätzen reduzierten sich Umfang und Komplexität chirurgischer Eingriffe rasch. Die Ursachen lagen zum einen in dem restriktiveren Ansatz bei der Behandlung von verletzten Zivilisten und natürlich auch in der relativ niedrigen Gefechtsintensität dieser Einsatzszenarien. Regelhaft wurden die schweren Komplexverletzungen erstmals im 3. Irakkrieg von amerikanischen Militärchirurgen beobachtet, zu einer Zeit, in der nach zivilen Anfängen auch die militärischen „Damage Control Surgery" Verfahren erstmals angewendet wurden, die in den Sanitätsdiensten der US-Streitkräfte mittlerweile perfektioniert worden sind.

Aus dem Begriff der Einsatzchirurgie heraus entwickelte sich die viele militärmedizinisch relevante Bereiche umfassende Einsatzmedizin. Mit diesem Terminus wird ein Teilbereich der Wehrmedizin benannt, der eine sanitätsdienstliche Tätigkeit außerhalb der eigenen Klinik umfasst, unter restriktiven, ungünstigen bis feindlichen Bedingungen, ohne die Unterstützung von Einzelspezialisten im Hintergrund, jedoch mit dem Bestreben, ein Ergebnis wie in der Heimat zu erreichen. Der Vergleich mit der Wehrmedizin im Friedensbetrieb oder auch einer Kriegsmedizin früherer Jahre ist kaum möglich. Einsatzmedizin ist zum einen „hausärztliche Versorgung" im Krisengebiet, aber auch Notfallmedizin im Gefecht und Katastrophenmedizin mit einer erweiterten Zielsetzung. Auch wenn die Einsatzmedizin wie oben ausgeführt ursprünglich als chirurgische Subdisziplin galt, haben sich im Laufe der Jahre nahezu alle im Sanitätsdienst der Bundeswehr vertretenen Spezialfächer eine einsatzmedizinische Legitimation gegeben. Als Beispiel soll hier das weite Feld der „Posttraumatischen Belastungsreaktionen (PTBS)" aufgeführt werden, in dem sich vornehmlich Oberstarzt Dr. Karl-Heinz Biesold aus dem BwKrhs Hamburg grundlegend engagiert hat. Die Wertigkeit von PTBS wurde von Fachleuten deutlich schon 1994 erkannt und z.B. von dem Leiter der neurologisch-psychiatrischen Abteilung des BwKrhs Ulm, Oberstarzt Prof. Dr. Kriebel, auch thematisiert.[18]

An der SanAkBw fanden seit Januar 1993 jeweils vierteljährlich Lehrgänge zur „Stressbewältigung" statt. Zudem wurde 1994 an der SanAkBw ein international hochkarätig besetztes Symposium über „Stress- und Stressbewältigung im UN Einsatz" durchgeführt, in dem querschnittartig unter Beteiligung einsatzerfahrener

Fachleute aus Israel der aktuelle Sach- und Forschungsstand auf dem Gebiet der Auswirkungen psychischer Traumatisierung im militärischen Bereich aufgezeigt wurde.

Abschließend sei ein Hinweis auf die deutlich gestiegene Rolle der Anästhesie in den Einsätzen erlaubt. Parallel zu der Entwicklung spezieller chirurgischer Verfahren wurde in den Einsätzen auch das Schockraummanagement in den Lazaretten intensiv verbessert, mit der Folge, dass Abweichungen und Fehler auf diesem Gebiet heute trotz vielfältiger militärischer Beeinflussungen, die in der Heimat nicht vorkommen, zu wesentlich geringeren Teilen auftreten.[19] Denn die Einrichtung eines mit modernen Algorithmen arbeitenden Schockraumsystems zusammen mit der Etablierung einer suffizienten Rettungskette, die sich auch schon als Forderung der „Fachlichen Leitlinie" findet, ist das entscheidende Bindeglied zwischen Präklinik und innerklinischer Behandlung. Hier wird zumeist über Leben und Tod entschieden. Die größte Herausforderung, vor der wir heute stehen, liegt – und auch hier ist die Leitlinie 1993 bereits zielführend – darin, die Verwundeten vor Erreichen der klinischen Einrichtung rasch und suffizient erst zu behandeln und zu stabilisieren. Hinzu kommt der schonende und schnelle Transport per Straße oder Luft zu der weiter behandelnden Einrichtung. Der zeitliche Ansatz der Notwendigkeit zu einer schnellen Erstversorgung hat sich im Laufe der Jahre immer mehr verkürzt, bis hin zu den heute üblichen „Platinum 10 Minutes". International wie national wird auf vielen Ebenen auf diesem Gebiet der präklinischen Einsatzmedizin geforscht und praktisch umgesetzt, wie beispielsweise in der Basis-, Einsatz- und Kohäsionsausbildung von kombattanten Soldaten, aber auch Angehörigen des Sanitätspersonals. Bei allen Bemühungen zu einer Verbesserung der Sanitätsausbildung darf jedoch niemals das besondere Gut der Motivation und Einsatzbereitschaft des eigenen Personals außer Acht gelassen werden, und es stimmt nachdenkenswert, dass bereits 1996, lange vor dem Einsatz in Afghanistan, die damalige Wehrbeauftragte des Deutschen Bundestages, Claire Marienfeld, schrieb:

„Ich weiß, dass mittlerweile sehr viele Ärzte der Bundeswehr an ihrer Belastungsgrenze arbeiten".[20]

Literaturverzeichnis:

BAMM (1952): Peter Bamm, Die unsichtbare Flagge, München 1952

BECKER/GERNGROSS (1999): Horst Peter Becker und Heinz Gerngroß, Einsatzchirurgie 1999: nur eine Vision oder schon ein Konzept?, Wehrmed. Mschr. 43 (1999), S. 134-138

BUNDESMINISTERIUM DER VERTEIDIGUNG (1992): Bundesministerium der Verteidigung, Verteidigungspolitische Richtlinien vom 26.11.92, Kapitel 38

BUNDESMINISTERIUM DER VERTEIDIGUNG (1994): Bundesministerium der Verteidigung (Hrsg.), Weißbuch zur Sicherheit der Bundesrepublik Deutschland und zur Entwicklung der Bundeswehr, Bonn 1994

BUNDESMINISTERIUM DER VERTEIDIGUNG (2006): Bundesministerium der Verteidigung (Hrsg.), Weißbuch zur Sicherheitspolitik der Bundesrepublik Deutschland und zur Zukunft der Bundeswehr, Berlin 2006

DESCH (1993): Gunter Desch, Fachliche Forderungen an den Sanitätsdienst der Krisenreaktionskräfte, Wehrmed. Mschr. 37 (1993), S. 301-305

DESCH (1994): Gunter Desch, Aktuelle Tendenzen im Sanitätsdienst der Bundeswehr, Wehrmed. Mschr. 38, (1994), S. 1-3

DESCH (1997): Gunter Desch, Acht Jahre Inspekteur des Sanitätsdienstes der Bundeswehr, Wehrmedizin und Wehrpharmazie 20 (1997), S. 100-103

GERNGROSS (1999): Heinz Gerngroß, Einsatzchirurgie: Realität und Wunschvorstellung, Wehrmed. Mschr. 43 (1999), S. 133-138

GERNGROSS (2001): Heinz Gerngroß, Einsatzchirurgie: Definition und Spektrum. Versuch der Standortbestimmung aus der Sicht des Klinikers, Wehrmedizin und Wehrpharmazie 25 (2001), S. 30-35

GERNGROSS/KALKE (1994): Heinz Gerngroß und Yorck-Bernhard Kalke (Hrsg.), Sanitätsdienstliche Unterstützung der UNO. Einsatz in Kambodscha. Berichte, Erfahrungen, Probleme, Aussichten. Referate anlässlich des Symposiums im Bundeswehrkrankenhaus Ulm vom 4.-6. März 1993 und Beiträge über den weiteren Einsatz, Bonn 1994 (Beiträge Wehrmedizin und Wehrpharmazie, 8)

HAGEL/DICK (1994): Michael Hagel und Jürgen Dick, Einsatz des Sanitätsdienstes in Somalia – Eine erste Bilanz, Wehrmedizin und Wehrpharmazie 17 (1994), S. 10-16

HELM/KULLA/BIRKENMAIER/LEFERING/LAMPL (2007): Matthias Helm, Martin Kulla, H[] Birkenmaier, Rolf Lefering und Lorenz Lampl, Traumaversorgung unter militärischen Einsatzbedingungen, Der Chirurg 78 (2007), S. 1130-1138

KILLIAN (1964): Hans Killian, Im Schatten der Siege, München 1964

KRIEBEL (1994): Jürgen Kriebel, Sanitätsdienst unter dem Blauen Helm, Wehrmedizin und Wehrpharmazie 38 (1994), S. 47-48

MARIENFELD (1996): Claire Marienfeld, Grußwort zum 40jährigen Bestehen des Sanitätsdienstes der Bundeswehr, Wehrmedizin und Wehrpharmazie 20 (1996), S. 11

SCHOEPS (2009): Stephan Schoeps, Die Entstehung der Maxime des Sanitätsdienstes als Grundlage der sanitätsdienstlichen Versorgung in den Einsätzen, in: Christian Willy (Hrsg.), Weltweit im Einsatz – der Sanitätsdienst der Bundeswehr 2010, Bonn 2009, S. 13-17

STEINMANN (1994): R[einhard] Steinmann, Der chirurgische Einsatz in Somalia, Wehrmed. Mschr. 38 (1994), S. 352-354

Adresse des Verfassers

Flottenarzt Dr. Volker Hartmann
Sanitätsakademie der Bundeswehr
Neuherbergstraße 11
D-80937 München
volkerhartmann@bundeswehr.org

Anmerkungen

[1] Vortrag, gehalten im Rahmen des 2. Wehrmedizinhistorischen Symposiums, veranstaltet von der Gesellschaft für Geschichte der Wehrmedizin e.V. in Verbindung mit der Sanitätsakademie der Bundeswehr am 10.11.2010 in München. – Der Vortragstext wurde im Wesentlichen beibehalten.

[2] DESCH (1994), S. 2.

[3] BUNDESMINISTERIUM DER VERTEIDIGUNG (1992), Kapitel 38.

[4] BUNDESMINISTERIUM DER VERTEIDIGUNG (1994).

[5] BUNDESMINISTERIUM DER VERTEIDIGUNG (2006).

[6] GERNGROSS/KALKE (1994).

[7] SCHOEPS (2009), S. 13-14.

[8] HAGEL/DICK (1994), S. 10.

[9] DESCH (1997), S. 101.

[10] DESCH (1993).

[11] DESCH (1994), S. 2.

[12] GERNGROSS (2001), S. 30-35.

[13] GERNGROSS (1999).

[14] BAMM (1952).

[15] KILLIAN (1964).

[16] BECKER/GERNGROSS (1999).

[17] STEINMANN (1994).

[18] KRIEBEL (1994).

[19] HELM/KULLA/BIRKENMAIER/LEFERING/LAMPL (2007).

[20] MARIENFELD (1996), S. 11.